AI와 피트니스

인공지능총서

인공지능 시대입니다. 기계가 인간의 인지를 대신하고, 사물이 인간을 통하지 않고 다른 사물과 직접 커뮤니케이션합니다. 이에 따른 인간 삶과 문명 변화를 정확히 이해 · 예측 · 대응하는 것은 이 시대 우리 모두의 과제입니다. 인공지능총서는 인공지능 기술과 환경의 여러 주제를 10가지 키워드로 정리합니다. 관련 개념과 이론, 학계와 산업계의 쟁점, 우리 일상의 변화를 다룹니다. 인간과 기술의 현재, 미래를 세심히 분석합니다.

일러두기

- 인명, 작품명, 저서명, 개념어 등은 한글과 함께 괄호 안에 해당 국가의 원어를 병기했습니다.
- 외래어 표기는 현행 어문규정의 외래어표기법을 따랐습니다.

처음이세요?

전문가세요?

AI와 피트니스

전기제·신영규

대한민국, 서울, 커뮤니케이션북스, 2025

AI와 피트니스

지은이 전기제·신영규
펴낸이 박영률

초판 1쇄 펴낸날 2025년 10월 15일

커뮤니케이션북스(주)
출판 등록 2007년 8월 17일 제313-2007-000166호
02880 서울시 성북구 성북로 5-11
전화(02) 7474 001, 팩스(02) 736 5047
commbooks@commbooks.com
www.commbooks.com

ISBN 979-11-430-0976-0 03500

책값은 뒤표지에 표시되어 있습니다.

차례

AI와 피트니스

AI 기술을 활용한 개인 맞춤형 피트니스

최근 몇 년간 피트니스 산업은 인공지능(AI) 기술의 비약적인 발전으로 전에 없던 혁신과 변화를 경험하고 있다. 전통적으로 피트니스는 개인 트레이너의 직관과 경험에 크게 의존했으나, 현대의 피트니스는 개인의 신체적, 생리적, 심리적 데이터를 정확하게 분석하고 활용하여 더욱 정밀하고 개인화된 운동 경험을 제공한다.

과거의 피트니스 산업은 대체로 획일화된 프로그램으로 운영되었다. 모든 사람이 동일한 계획을 따라 운동하며 효과를 기대했지만, 각 개인의 신체 특성과 건강 상태, 목표가 다르기 때문에 최적의 결과를 얻기 어려웠다. 이러한 문제점을 AI 기술이 효과적으로 극복해 나가고 있다. AI는 개인의 신체 데이터와 건강 기록, 운동 습관 등을 분석하여 가장 적합한 운동 방법을 찾아내고, 이를 실시간으로 제공하는 혁신적 시스템을 만들어 냈다.

특히 코로나19 팬데믹으로 인해 헬스장과 같은 공공장소에서의 운동보다는 집에서 편안하고 안전하게 운동하는 트렌드가 확산되었다. 이에 따라 AI 기반의 홈트레이닝 기술이 급격히 성장했다. 스마트폰, 스마트 '미러(Mirror)'와 같은 혁신적 디바이스가 등장하면서 개인은 전문가 수준의 트레이닝을 가정에서 쉽게 받을 수 있게 되었다. AI는 사용자의 운동 자세를 실시간으로 분석하고 교정하여 부상을 예방하고 운동 효과를 극대화한다.

또 웨어러블 디바이스와 연계함으로써 AI는 사용자의 심박수, 운동량, 수면 패턴, 스트레스 지수 등 다각적인 데이터를 수집하고 분석한다. 이를 통해 개인별 운동 루틴을 설계하고, 건강 상태를 지속적으로 모니터링하며, 효과적인 피드백을 제공함으로써 사용자가 효율적이고 안전하게 운동을 수행할 수 있도록 돕는다.

이와 같은 기술적 혁신은 단순히 운동 효율성만을 높이는 것이 아니라 사용자가 운동을 지속할 수 있는 동기부여와 건강한 생활 습관 형성에도 크게 기여한다. AI의 지속적이고 세밀한 피드백은 사용자에게 동기를 부여하고 심리적 만족감을 높여 장기적으로 건강 목표를 달성하는 데 큰 힘이 된다.

피트니스 시설 운영 혁신과 AI

서비스와 함께 AI는 피트니스 시설 운영의 효율성과 고객 관리 혁신에도 결정적인 역할을 한다. 피트니스 시설의 운영 효율성은 회원 관리의 정교성, 회원 만족도, 회원 유지율 등과 밀접하게 연관되어 있다. AI 기술은 이러한 부분에서 탁월한 성과를 보인다.

AI는 회원의 운동 기록, 이용 빈도, 운동 패턴 등을 철저히 분석하여 맞춤형 서비스와 개인화된 커뮤니케이션 전략을 제시한다. 예를 들어 AI 기반 시스템은 회원의 데이터 분석을 통해 특정 회원이 어떤 시간대에 어떤 운동을 선호하는지 정확히 파악하고, 이에 따라 개인화된 운동 추천 및 스케줄 조정이 가능하다.

더불어 AI 기반 고객 관리 시스템은 회원의 운동 이력과 성과 데이터를 정기적으로 분석하여 지속적인 피드백과 동기부여 메시지를 제공한다. 이러한 서비스는 회원들이 운동을 지속할 수 있도록 심리적 지지와 성취감을 제공하여 회원 이탈률을 현저히 낮추고, 장기적으로 시설 운영의 안정성과 수익성을 향상하는 데 효과적이다.

글로벌 피트니스 시장에서도 AI 기술의 도입은 이미 필수 요소로 자리 잡고 있으며, 국내 피트니스 산업에서도 빠르게 확산되어 다양한 AI 기반 체형 분석 설루션 제품을 출시하고 있다. 이는 고객의 신체 상태와 운동 능력을 정밀하게 측정하고 분석하여 맞춤형 운동 프로그램을 제공하며, 고객들로부터 매우 높은 만족도와 지속적인 참여를 이끌어 낸다.

이 책에서는 AI가 피트니스 산업에서 어떻게 혁신적인 변화를 가져오며, 구체적으로 어떤 전략과 사례들이 있는지를 심도 있게 다룬다. 독자들은 이 책을 통해 피트니스 산업에서 AI의 무한한 가능성과 실질적인 활용 방안을 명확히 이해하고, 개인 및 기업 차원에서 새로운 기회를 창출할 수 있을 것이다. 피트니스와 AI의 융합은 단지 일시적인 유행을 넘어 지속 가능하고 혁신적인 미래를 제시한다. 독자 여러분이 이 책을 통해 다가오는 변화에 능동적으로 대처하며 건강하고 혁신적인 삶을 이루어 나가기를 기대한다.

참고문헌

배재권(2021). “스마트 헬스케어 산업의 인공지능 기술 적용에 관한 연구”. 《로고스경영연구》, 19(4), 179~197쪽.

유경태(2023). “물리치료 분야에서 인공지능 및 바이오센싱 기술의 현장적용 및 전망에 관한 연구: 맞춤형 재활치료를 중심으로”. 《대한물리의학회지》, 18(3), 73~84쪽.

윤수정 외(2022). “AI 기반 피트니스 서비스에서 사용자 여정에 대한 디자인 제언: 사용자 경험과 디자인 기회 영역을 중심으로”. 《한국 HCI 학회 학술대회》, 264~271쪽.

이새봄 외(2020). “헬스케어산업에서의 인공지능 활용 동향”. 《한국콘텐츠학회논문지》, 20(5), 448~456쪽.

이지은(2025.6.28). “‘지하철역으로 운동 가자!’ 서울시 AI 디지털 헬스공간 ‘펀스테이션’”. 《여성조선》. https://woman.chosun.com/news/articleView.html?idxno=121685

최순식(2021). “인공지능을 활용한 플랫폼 비즈니스 활성화 방안에 관한 연구”. 《e-비즈니스연구》, 22(5), 133~150쪽.

01
AI와 피트니스의 만남

피트니스 산업은 오랫동안 사람의 경험과 직관에 의존해 왔지만, AI의 도입으로 패러다임이 급속히 변하고 있다. 특히 코로나19 이후 비대면 수요 증가와 함께 AI 기반 홈트레이닝과 맞춤형 코칭 기술이 빠르게 확산되며 산업의 중심축으로 자리 잡았다. 글로벌 시장에서도 AI 피트니스는 2034년까지 461억 달러 규모로 성장할 것으로 예측되며, 기술 기반 헬스케어의 핵심 동력으로 주목받는 배경이 된다. 피트니스 산업은 운동 지도의 자동화와 개인화, 그리고 데이터 기반 서비스 혁신을 중심으로 AI와 함께 진화하고 있다.

기후 위기와 인공지능?

피트니스 산업에서의 AI 도입 현황

피트니스 산업은 오랫동안 개인 트레이너의 경험과 직관에 의존해 왔으나, 최근 AI 기술이 발전하면서 근본적인 변화의 시기를 맞이한다. 특히 코로나19 팬데믹 이후, 비대면 홈트레이닝 수요가 급격히 증가하면서 AI 기반의 맞춤형 운동 서비스는 폭발적인 성장을 이루었다. 2024년 글로벌 AI 피트니스 시장 규모는 약 98억 달러에 이를 것으로 추정되며, 2034년에는 461억 달러로 대폭 확대될 것으로 전망한다.

현재 AI 기술은 다음과 같은 주요 영역에서 피트니스 산업에 적극적으로 도입되고 있다.

첫째, 개인 맞춤형 운동 프로그램이다. AI는 사용자의 심박수, 활동량, 수면 패턴과 같은 다양한 생체 데이터를 분석하여 최적의 운동 강도와 맞춤형 일정을 실시간으로 제시한다. 대표적인 사례로 '펠로톤(Peloton)'은 사용자 데이터를 실시간 분석하여 개인 트레이너와 유사한 수준의 맞춤 피드백을 제공하고 있으며, 국내에서도 다양한 AI 체형 분석 시스템을 통해 개별 맞춤 트레이닝을 제공하고 있다.

둘째, AI 트레이너 및 가상 코치 기술이다. 가상현실(VR, Virtual Reality)과 증강현실(AR, Augmented

Reality)을 결합한 AI 기술은 사용자가 집에서도 몰입도 높은 운동 경험을 할 수 있도록 돕는다. '템포(Tempo)', '미러'와 같은 홈트레이닝 기기는 사용자의 운동 자세를 실시간으로 분석하여 정확한 자세 교정을 가능하게 한다. AI 챗봇 기술 또한 발전하여, 사용자 질문에 즉시 응답하며 24시간 개인 트레이너 역할을 수행하고 있다.

셋째, 글로벌 IT 대기업들의 활발한 참여다. 애플, 구글, 삼성 등의 주요 기업들은 헬스 및 피트니스 분야에 AI 기술을 적극 접목하고 있다. 스마트워치, 피트니스 트래커를 통해 사용자들은 운동 데이터와 건강 지표를 손쉽게 모니터링하며 관리할 수 있게 되었다. 이에 따라 AI 기반 피트니스 앱의 매출 규모는 2029년까지 약 100억 달러 수준에 이를 것으로 기대된다.

이와 같이 AI 기술의 도입으로, 피트니스 산업의 전통적인 구조가 근본적으로 변화하고 있다. 이용자들은 이제 비싼 퍼스널 트레이닝 비용이나 시간, 장소의 제약 없이도 AI를 통해 개인 맞춤형 운동을 경험할 수 있다. 기업들은 이를 통해 고객 만족도를 높이고 운영 효율성을 증대하는 전략을 펼친다.

AI 피트니스 기술의 등장과 발전 배경

AI 기술은 제조, 물류, 의료, 교육 등 전 산업 영역에 걸쳐 큰 혁신을 불러왔으며, 피트니스 산업 역시 이 흐름에서 예외가 아니다. AI의 발전을 예견한 앤드루 응(Andrew Ng)은 "AI는 모든 산업의 구조를 변화하고 경제적 가치를 창출할 것"이라고 강조하며, 피트니스 산업의 변화를 전망했다(Ng, 2023).

AI 기술이 피트니스 산업에 본격적으로 도입된 배경으로는 크게 두 가지 요인을 꼽을 수 있다. 첫째는 데이터 분석 기술의 급격한 발전이다. 과거보다 훨씬 방대한 데이터를 실시간으로 처리하고 분석할 수 있는 기술적 환경이 구축되었다. 둘째는 웨어러블 디바이스의 보편화다. 스마트폰, 스마트워치, 피트니스 밴드 등은 개인의 생체 데이터를 손쉽게 수집하고 이를 AI 분석에 활용할 수 있는 기초를 마련했다.

미국의 프리미엄 피트니스 기업인 '이퀴녹스(Equinox)'는 AI 기반의 가상 비서 시스템 '에이전트포스(Agentforce)'를 도입해 회원들에게 24시간 개인화된 피트니스 서비스를 제공한다. 이 시스템은 회원들이 앱을 통해 맞춤 답변을 얻고, 클래스 예약 절차를 간편화할 수 있도록 지원한다. 국내의 대표적 사례로는 '짐구공'

피트니스 센터가 있으며, 이곳은 AI 기술을 활용하여 회원들의 체형과 운동 능력을 정밀히 분석한 후 개인 맞춤 운동 처방을 제공한다.

또한 AI 기술은 단순히 운동 효과를 높이는 것뿐만 아니라 사용자들에게 지속적으로 동기를 부여하고 건강한 생활 습관 형성을 위한 기반을 마련해 준다. AI 기반 홈 트레이닝 시스템은 스마트 '미러'나 모바일 앱을 통해 사용자의 운동 자세를 실시간으로 분석하고 즉각적인 자세 교정을 제공하여 부상 위험을 최소화한다. 웨어러블 기기와 연계된 AI 시스템은 실시간 심박수와 활동량을 지속적으로 모니터링하여 사용자에게 최적의 운동 강도 조정과 휴식 타이밍을 알려 준다.

이러한 AI 기술의 도입은 개인 맞춤형 서비스라는 새로운 가치를 피트니스 산업에 불러왔으며, 사용자들이 보다 정밀한 분석과 피드백을 통해 안전하게 운동하고 장기적인 목표 달성을 지속할 수 있도록 돕는다.

결론적으로 피트니스 산업 내 AI 기술의 도입은 산업 구조의 근본적인 변화를 가져왔으며, 개인 맞춤형 서비스와 효율적 데이터 분석을 기반으로 피트니스 산업이 더욱 스마트하고 개인화된 방향으로 진화하고 있다. 이러한 변화는 향후 피트니스 산업의 지속적인 성장과 혁신을 이끌 것으로 기대된다.

AI는 인간의 영역을 대체할 수 있는가

"AI가 인간 퍼스널 트레이너의 역할을 대체할 수 있는가"라는 질문에 대한 답은 AI가 인간 트레이너를 완전히 대체하지는 못하지만, 상당 부분 보완하는 역할을 수행할 수 있다는 것이다. AI 기술의 발전으로 피트니스 산업에서는 데이터 기반 개인 맞춤형 설루션을 제공할 수 있는 수준에 도달했으며, 이에 따라 AI와 인간 트레이너가 공존하며 각자의 강점을 발휘하는 하이브리드 모델이 주목받고 있다.

2020년대에 들어 코로나19 팬데믹을 계기로 온라인 피트니스와 AI 코칭 도구에 대한 수요가 급격히 증가했다. 실제로 디지털 피트니스 도구의 이용률은 2021년 이후 30% 이상의 성장세를 기록하면서 급격하게 확산하고 있다. 이러한 배경 속에서 자연스럽게 제기되는 질문이 바로 "AI가 과연 인간 퍼스널 트레이너의 역할을 대체할 수 있는가?"라는 것이다.

피트니스 산업에서 AI 도입 배경과 발전 양상을 살펴보면, 처음 AI는 단순한 웨어러블 장비와 운동 기록 앱 수준에서 출발했다. 그러나 지금은 AI가 개인 맞춤형 운동 계획을 세밀하게 수립하고, 사용자의 움직임을 실시간으로 모니터링하면서 정밀한 자세 교정 피드백을 제공하는 단계까지 발전했다. 예컨대 펠로톤과 같은 브랜드는 AI 기술을 이용해 사용자의 신체 데이터를 실시간으로 분석하고 개인 맞춤형 운동 프로그램을 제공함으로써 피트니스 경험을 한 단계 끌어올렸다. 이에 더해 애플과 같은 글로벌 기술 기업들이 AI 건강 코치와 같은 서비스를 도입하면서, 이제 AI는 피트니스 산업의 필수 구성 요소로 자리 잡았다.

AI 기반 피트니스 설루션의 기능은 크게 네 가지로 정리할 수 있다. 첫째, 개인화된 운동 계획 추천이다. AI는 사용자의 체력 수준과 신체 데이터를 학습하여 사용자에게 최적화된 운동 계획을 설계한다. 둘째, 동작 인식 및 실시간 피드백이다. AI는 컴퓨터 비전 기술을 활용하여 사용자의 자세를 정확히 인식하고, 운동 중 실시간으로 교정을 돕는다. 셋째, 24시간 상시 코칭 및 응답 서비스를 제공한다. AI 챗봇은 시간과 장소에 상관없이 문의에 즉각 대응하고, 지속적으로 운동 동기를 부여한다. 넷째, 데이터 기반의 진행 관리다. AI는 사용자의 운동 데이터를 지속적으로 분석하여 장기적인 관점에서 운동 성과를 관리하고 향상할 수 있는 인사이트를 제공한다.

그러나 AI 설루션에도 명백한 한계가 있다. AI는 사람처럼 정서적으로 공감하거나 사용자의 심리적 상태를 세밀하게 이해하는 것이 불가능하다. 또한 예기치 못한 부상이나 신체 변화와 같은 상황에 유연하고 신속하게 대응하기 어렵다. 무엇보다 AI의 알고리즘은 학습 데이터의 질과 다양성에 따라 신뢰성의 문제를 가질 수 있다. 따라서 AI만으로 모든 피트니스 요구를 충족하기에는 아직 부족한 부분이 존재한다.

이러한 AI의 한계를 보완할 수 있는 것이 바로 인간 퍼스널 트레이너의 존재다. 인간 퍼스널 트레이너만의 고유한 역할과 역량은 크게 세 가지로 요약된다. 첫째, 정서적 동기 부여와 심리적 지지를 통한 운동 지속성 강화다. 인간 트레이너는 단순히 운동 방법을 가르치는 것이 아니라, 회원과의 정서적 유대감을 형성하고 동기를 부여하여 장기적인 운동 습관을 유지하도록 돕는다. 둘째, 현장에서의 즉각적 피드백과 안전 관리 능력이다. 숙련된 트레이너는 회원의 미세한 움직임이나 신체적 변화를 즉시 파악하여 위험한 상황을 예방할 수 있다. 셋째, 장기적인 관계 형성과 개인 맞춤형 대응 능력이다. 트레이너는 회원 개개인의 성향과 라이프스타일을 깊이 이해하여 맞춤형 트레이닝과 생활 습관 개선을 지원한다.

이러한 이유로 전문가들은 AI가 인간 트레이너를 완전히 대체할 수 없다고 평가하며, 오히려 AI와 인간 트레이너의 협업을 통해 시너지를 창출할 수 있다고 강조한다. 실제로 많은 글로벌 피트니스 기업은 AI 기술을 도입하면서도 인간 트레이너와의 협력을 강화하는 하이브리드 모델을 구축하고 있다. 예컨대 '이퀴녹스'는 AI 기술을 도입하면서도 "AI는 트레이너가 제공하는 가치를 증폭할 뿐, 트레이너를 대체할 수는 없다"라고 명확히 밝혔다. AI는 정밀한 데이터 분석을 통해 기본적인 운동 계획을 수립하는 역할을 맡고, 인간 트레이너는 보다 세부적인 코칭과 정서적 지지, 안전 관리 등을 담당하는 식으로 역할 분담을 명확히 하고 있다.

향후 헬스 산업은 AI와 인간의 협력을 기반으로 한 하이브리드 모델이 주류가 될 것으로 전망한다. 이러한 모델은 개인 맞춤형 피트니스 프로그램을 더욱 접근 가능하고 경제적으로 제공할 수 있게 하여, 보다 많은 사람들이 피트니스 서비스를 이용할 수 있는 기반을 마련할 것이다. 다만 이 과정에서 개인정보 보호와 데이터 보안, 알고리즘 편향 문제, AI로 인한 책임 소재의 명확화 등과 같은 윤리적 고려 사항 역시 중요한 문제로 다뤄져야 할 것이다. AI 기술이 고도로 발전할수록 데이터 관리와 윤리적 책임의 중요성은 더욱 커질 것이며, 이에 대한 철저한 준비가 필요하다.

결론적으로 AI가 인간 퍼스널 트레이너의 모든 역할을 완벽히 대체하는 것은 불가능하다. 그러나 AI와 인간 트레이너가 협력하여 각자의 강점을 살릴 수 있는 미래가 열리고 있다. AI는 앞으로 더욱 똑똑하고 정교하게 발전하며 피트니스 산업을 지속적으로 혁신할 것이지만, 인간만의 공감 능력과 직관, 즉각적이고 유연한 대응력은 여전히 필수다. 따라서 AI와 인간의 융합적 협력을 통해 더욱 건강하고 지속 가능한 피트니스 산업의 미래를 만들어 가야 한다. 이제는 단순히 AI 기술 도입의 가능성을 논하는 차원을 넘어, 어떻게 하면 두 주체가 서로를 보완하고 시너지를 낼 수 있는지를 고민해야 할 시점이다. 그것이 바로 피트니스 산업의 진정한 혁신이며, 우리가 추구해야 할 피트니스의 미래일 것이다.

참고문헌

노태린앤어소시에이츠(2025). "[ISSUE] 생성형 AI, 헬스케어 산업의 미래". 《매거진HD》. https://magazine-hd.kr/757

최순식(2021). "인공지능을 활용한 플랫폼 비즈니스 활성화 방안에 관한 연구". 《e-비즈니스연구》, 22(5), 133~150쪽.

하이비스(2025). "국내 350개 피트니스 센터 도입…매월 5만 명이 사용하는 링코, AI 헬스케어 플랫폼으로 진화 중". 뉴스와이어. https://www.newswire.co.kr/newsRead.php?no=1010391

A'Naja, M. N. et al.(2024). 2025 ACSM worldwide fitness trends: Future directions of the health and fitness industry. *ACSM's Health & Fitness Journal, 28*(6), pp.11~25.

Ng, A.(2023). "AI의 현재와 미래". 과학기술통신부 대담회 기조 연설.

Nwankwo, E. I. et al.(2024). Integrating telemedicine and AI to improve healthcare access in rural settings. *International Journal of Life Science Research Archive, 7*(1), pp.59~77.

Sharma, M.(2025). Top 10 AI fitness app trends that are changing the game in 2025. https://www.google.com/url?sa=t&source=web&rct=j&opi=89978449

02
AI로 완성되는 개인 맞춤형 트레이닝

AI 기반 맞춤형 트레이닝은 데이터를 통해 '정확한 개인화'를 실현하며, 기존 퍼스널 트레이닝의 한계를 넘어서는 혁신을 제공한다. 머신러닝과 실시간 피드백 기술은 사용자 개개인의 신체 특성과 운동 수행을 정밀하게 분석하여 최적의 코칭을 가능하게 만든다. 이제 피트니스는 단순한 운동을 넘어 AI와 함께하는 건강한 라이프스타일 설계의 시대로 접어들었으며, 우리는 그 변화의 중심에 서 있다.

노래하는 AI 보컬?

AI 맞춤형 트레이닝의 데이터 분석과 머신러닝

개인 맞춤형 트레이닝의 본질은 '나에게 맞는 운동'을 설계하는 것이다. 하지만 문제는 이것이 생각보다 쉽지 않다는 데 있다. 인간 트레이너가 한 명의 회원을 완벽하게 이해하고, 그에 맞춘 운동 프로그램을 지속적으로 개선하는 데는 매우 많은 시간과 경험, 집중이 필요하다. 반면 AI는 방대한 데이터를 기반으로, 실시간으로 사용자의 신체적 특성은 물론, 운동 빈도와 피드백, 심지어는 생활 패턴과 음악 취향까지 분석해 개인화된 운동 루틴을 설계할 수 있다.

이러한 맞춤화를 가능케 하는 핵심 기술이 바로 머신러닝(Machine Learning)과 딥러닝(Deep Learning)이다. 이 기술들은 데이터로부터 패턴을 학습하고, 학습한 내용을 바탕으로 예측하거나 판단을 내릴 수 있는 능력을 갖추고 있다. 예컨대 글로벌 피트니스 브랜드 '펠로톤'은 머신러닝 알고리즘을 활용하여 사용자 맞춤형 트레이닝 계획을 주 단위로 제공한다. 사용자가 설정한 목표(예: 체지방 감소, 근력 강화 등)를 기준으로, AI가 사용자의 운동 빈도, 선호하는 강사 스타일, 음악 취향, 집중 시간대 등의 다양한 데이터를 종합 분석하여 최적의 운동 루틴을 제공하는 구조다.

이러한 AI의 진정한 강점은 '지속적인 진화'다. '펠로톤'의 시스템은 사용자의 피드백과 운동 결과 데이터를 실시간으로 반영하여 프로그램을 유기적으로 업데이트한다. 이는 마치 회원 한 사람을 위해 헌신적으로 연구하고 개선을 반복하는 전담 트레이너가 존재하는 것과 같다. 더불어 운동 성과를 수치화하고 시각화하는 기능도 중요하다. 사용자는 자신의 변화 과정을 눈으로 확인할 수 있게 되고, 이는 동기부여를 자극하는 중요한 요소로 작용한다.

국내 사례로는 대표적으로 AI 체형 분석 시스템 '바디닷(Bodydot Fitness)'과 '모라핏(MoraFit)'이 있다. '바디닷' 체형 분석기는 피트니스 분야에서 AI가 인간의 육안적 한계를 넘어 정량화된 운동 데이터를 제공하는 대표 사례다. '바디닷'은 컴퓨터 비전 기반의 자세 추정 알고리즘을 통해 신체 관절의 위치와 각도를 정밀하게 분석하며, 사용자의 체형 불균형, 좌우 대칭성, 코어 근력의 미세한 차이까지 자동으로 파악한다. 기존에는 트레이너의 경험적 직관에 의존하던 체형 분석이 AI의 개입으로 수치화되고 시각화됨으로써, 퍼스널 트레이닝이 보다 과학적이고 객관적인 방향으로 진화하고 있다. 특히 ±5도 이내의 오차 범위를 갖춘 정밀도는 의료 전문가 수준의 진단 가능성을 제시하며, 체형 데이터를 바탕으로 한 운동 처방을 AI가 직접 보조함으로써 트레이너의 코칭 품질 향상에 크게 기여한다.

또 '바디닷'은 AI 기술로 '사용자 경험'이 어떻게 변화하는지를 단적으로 보여 준다. 분석한 체형 데이터는 전/후(Before/After) 리포트로 실시간 시각화해서 회원의 변화 과정을 체감 가능하게 만들며, 이는 동기부여와 재등록률 향상에 직접적인 영향을 준다. 트레이너 입장에서도 AI가 수집 · 분석한 데이터를 기반으로 한 운동 설계가 가능해지면서, 코칭 시간의 효율성과 설득력이 동시에 높아진다. 나아가 바디닷은 단순한 분석기기가 아니라, AI 기반의 코칭 인터페이스로 기능하며, 향후 웨어러블 연동, 음성 피드백, AR 기반 실시간 자세 교정 등으로의 확장이 가능한 모듈형 시스템이다. 이는 결국 피트니스 트레이닝의 중심축이 '주관'에서 '데이터 기반 AI'로 이동하는 것을 시사하며, AI가 운동의 시작부터 결과까지 전 과정을 책임지는 새로운 트레이닝 패러다임을 만들어 가고 있다.

'모라핏'은 태블릿 하나로 사용자의 체형과 관절 가동범위, 근력 상태를 측정한다. 이를 통해 트레이너는 개인의 약점이나 불균형을 객관적인 데이터로 확인하고,

이에 맞춘 교정 운동이나 강화 운동을 프로그램에 반영한다. 트레이닝의 '감'과 '경험'에 의존했던 과거 방식에서 벗어나, 체계적이고 과학적인 접근이 가능해진 것이다. AI는 이처럼 트레이너의 '눈'을 대신해 정밀한 신체 분석을 수행함으로써, 코칭의 수준을 한 단계 끌어올리고 있다.

스마트 운동기구와 실시간 피드백

분석 중심의 AI 기술이 운동 계획의 정교화를 담당한다면, 운동 수행의 질을 끌어올리는 데 기여하는 것은 스마트 운동기구와 실시간 피드백 시스템이다. 가장 대표적인 예는 '토널(Tonal)'과 같은 스마트 홈트레이닝 기기다. '토널'은 벽걸이형 디지털 웨이트 머신으로, 사용자의 힘 발휘 패턴을 초당 500개의 데이터 포인트로 측정하고 이를 기반으로 실시간 중량 조절을 수행한다. 사용자의 피로도와 근력 수준, 반응 속도 등을 고려해 중량을 조절하고, 적절한 저항을 자동으로 설정해 준다.

이는 단순히 AI가 계획을 세우는 것을 넘어, 운동 중 '지금 이 순간'의 신체 상태에 따라 운동을 조정해 주는 능력까지 갖춘 것이다. 퍼스널 트레이너의 현장 피드백을 기술적으로 구현한 것으로 볼 수 있으며, 운동의 효율성과 안전성을 동시에 향상할 수 있다. 특히 반복 세트 중 폼이 무너지거나 자세가 흐트러질 경우, 실시간으로 알림을 주는 시스템은 초보자는 물론 숙련자에게도 귀중한 피드백 도구로 작용한다.

또 다른 기술 혁신은 '템포'와 같은 AI 기반 실시간 자세 교정 기능이다. 컴퓨터 비전 기술을 활용하여 사용자의 동작을 인식하고, AI가 화면을 통해 사용자와 트레이너의 자세를 나란히 비교하여 개선 지점을 시각적으로 알려 준다. 이는 AI가 단순히 '정보를 주는 기계'가 아니라, '상호작용하는 코치'로 진화하고 있다는 방증이다. 이처럼 실시간 피드백 기술은 부상을 예방하고 운동의 집중도를 높이며, 사용자가 올바른 동작을 반복 학습하는 데 효과적인 역할을 한다.

여기에 더해 가상 퍼스널 트레이너 플랫폼의 등장은 피트니스의 패러다임 자체를 전환하게 만든다. 예를 들어 '오닉스(Onyx)'와 같은 앱은 스마트폰 카메라를 통해 사용자의 움직임을 실시간 분석하고, 횟수를 카운트하며, 자세를 교정해 준다. 사용자는 마치 AI 코치와 1:1로 상호작용하는 것처럼 느끼며, 퍼스널 트레이닝의 대중화가 가능해진다.

국내에서도 AI를 활용한 운동 기기를 개발하는 기업

들이 활발히 활동하고 있다. 대표적으로 '아이픽셀'은 재활 운동을 위한 AI 코칭 서비스인 '엑서사이트 케어'를 제공한다. 이 서비스는 사용자가 TV나 스마트폰 앞에서 운동 동작을 수행하면, 웹캠을 통해 AI가 실시간으로 자세를 분석하고 피드백을 제공하는 시스템이다. 이를 통해 재활이 필요한 환자들이 전문가의 도움 없이도 정확한 운동을 수행할 수 있도록 지원하며, 실제로 세종병원 재활 팀 등 의료 기관에서 활용하는 중이다. 또 사용자의 운동 데이터를 수집하여 전문가들이 환자의 상태를 비대면으로 모니터링하고 처방을 조정할 수 있는 기능도 제공한다.

또 다른 예로 '타이거컴퍼니'는 AI 기반의 디지털 헬스케어 플랫폼 개발을 위해 피씨엘과 협력하고 있다. 이들은 AI 기술을 활용하여 개인 맞춤형 운동 설루션을 제공하는 '타이거핏(Tiger Fit)' 서비스를 개발 중이다. 이 서비스는 사용자의 건강 데이터를 분석하여 최적의 운동 프로그램을 추천하고, 언제 어디서든 운동을 즐길 수 있도록 지원한다. 이를 통해 사용자들은 보다 효율적이고 즐거운 운동 경험을 할 수 있으며, 건강관리에 대한 접근성을 높일 수 있다.

AI로 실현되는 종합 건강관리

웨어러블 기반 헬스케어는 AI 기술과 결합하여 단순한 운동 보조를 넘어, 전반적인 건강관리의 새로운 패러다임을 제시한다. 대표적으로 애플워치는 심박수, 수면, 스트레스 지수, 산소 포화도 등 다양한 생체 데이터를 실시간으로 측정하고, 이를 기반으로 사용자의 건강 상태를 분석하여 맞춤형 피드백을 제공한다. 특히 애플워치의 심전도(ECG) 기능은 심장 질환의 조기 발견에 기여하며, 사용자가 자신의 건강 상태를 능동적으로 관리할 수 있도록 돕는다.

해외에서는 '오렌지 시어리 피트니스(Orange Theory Fitness)'가 웨어러블 기기와 AI를 결합한 실시간 심박수 모니터링 시스템을 도입하여, 사용자의 운동 강도를 최적화하고 있다. 이 시스템은 사용자의 심박수 데이터를 실시간으로 분석하여, 가장 효과적인 운동 강도를 유지하도록 유도하며, 이는 단순한 운동 강도 조절을 넘어 사용자의 신체 리듬에 맞춘 정밀 트레이닝을 가능하게 한다. 또한 펠로톤과 같은 기업들은 웨어러블 데이터를 활용하여 개인 맞춤형 운동 프로그램을 제공하고, 사용자의 운동 성과를 시각화하여 동기부여를 강화하고 있다.

국내에서도 웨어러블 기반 헬스케어의 흐름이 확산되

고 있다. 스타트업 론픽(RONFIC)이 개발한 '핏바이저(Fit Visor)'는 AI 기반 운동 기기로, 사용자의 근력 상태와 좌우 밸런스를 측정한 후 정밀한 재활 프로그램을 제공한다. 운동 중 AI가 실시간 데이터를 분석하여 부하를 조절하고, 부상 위험을 낮추는 방식으로 코칭하며, 이는 재활 분야에서 인간 트레이너의 개입을 보완하거나 대체할 가능성을 보여 주는 실질적 사례다. 또한 아이픽셀의 '엑서사이트 케어'는 웹캠을 통해 사용자의 운동 자세를 분석하고, AI가 실시간으로 피드백을 제공하여 재활 운동의 정확성을 높이고 있다.

이러한 웨어러블 기반 헬스케어의 발전으로, 개인의 건강관리 방식이 근본적으로 변화하고 있다. AI와 웨어러블 기기의 결합은 사용자의 생체 데이터를 실시간으로 수집하고 분석하여, 맞춤형 운동 처방, 식단 조절, 수면 관리 등 종합적인 건강관리를 가능하게 한다. 이는 피트니스가 단순한 운동 중심의 활동에서 벗어나, 전반적인 생활 개선 도구로 발전하고 있음을 시사하며, 앞으로도 AI와 웨어러블 기술의 융합은 헬스케어 분야에서 더욱 중요한 역할을 하게 될 것이다.

이처럼 AI는 운동을 넘어서 건강 전반에 걸친 삶의 질 향상에 기여한다. 작가로서 AI 피트니스의 본질적인 가치는 '정확한 개인화'에 있다고 본다. 이는 단순히 기계가 운동을 설계해 주는 것이 아니라, 데이터를 통해 나의 몸을 더 깊이 이해하고, 내 라이프스타일에 맞춘 최적의 길을 안내하는 과정이다. 인간 트레이너가 제공하던 따뜻한 조언과 디테일한 코칭은 여전히 중요하지만, AI가 이 과정을 보조하고 확장함으로써 피트니스의 문턱은 낮아지고, 실현 가능성은 높아진다.

앞으로의 피트니스는 '전문성과 접근성'이라는 두 마리 토끼를 동시에 잡아야 한다. AI는 이를 위한 가장 강력한 도구며, 인간 트레이너와 함께 미래의 트레이닝 문화를 만들어 갈 협력자다. 기술은 사람을 대체하는 것이 아니라, 사람을 도와주는 방향으로 진화해야 한다. 그런 의미에서 AI 맞춤형 트레이닝은 기술의 발전이 인간성을 강화하는 대표적 사례가 될 수 있다. 그리고 우리는 그 최전선에 서 있다.

참고문헌

고문순(2024.10.30). "팀엘리시움, 피트니스용 체형 분석기 '바디닷 피트니스' 출시". 머니투데이.
https://news.mt.co.kr/mtview.php?no=2024103009141843459

LVUP(2025). "2025 피트니스 업계 최신 트렌드 및 활용 전략".

http://lvupfitness.kr/center-blog/?bmode=view&idx=154648887

McFarland, A.(2025). "10년 2025월 최고의 AI 운동 도구 XNUMX가지". Unite.AI. https://www.unite.ai/ko/best-ai-workout-tools/

03
스마트 피트니스 AI와 기기의 통합

AI와 스마트 기구의 융합은 피트니스 산업의 운영 방식, 트레이닝 구조, 사용자 경험 전반을 혁신적으로 재편한다. 이러한 변화는 운동의 자동화와 정량화를 넘어, 데이터를 기반으로 한 정밀한 개인화, 실시간 피드백, 센터 운영의 스마트화를 가능케 한다. 결국 피트니스는 단순한 운동 공간을 넘어, AI와 인간 트레이너의 협업을 통해 삶 전반을 관리하는 종합 헬스 플랫폼으로 진화하고 있다.

인공지능과 편향?

AI와 스마트 기구 융합이 이끄는 혁신

AI 기술이 피트니스 현장에 본격적으로 도입되며 가장 먼저 변화한 영역 중 하나는 헬스클럽의 운동기구다. 이전까지의 기구는 사용자가 수동적으로 무게를 설정하고, 반복 횟수를 스스로 세며, 트레이너가 옆에서 자세를 보고 교정하는 방식이었다면, 이제는 센서와 알고리즘이 탑재된 '스마트 기구'들이 이러한 기능을 자동화하며 트레이너의 역할을 상당 부분 보조한다. 다시 말해 기구 자체가 코치처럼 움직이며 사용자의 운동을 안내하고 조절하는 시대가 열린 것이다.

가장 대표적인 사례 중 하나는 독일의 글로벌 스마트 웨이트 트레이닝 기업 '이짐(EGYM)'이다. '이짐'은 기구 내부에 센서와 알고리즘을 내장하여, 사용자의 기초 체력을 측정한 후 적절한 운동 목표와 프로그램을 설정하는 시스템을 오래전부터 구축해 왔다. 특히 2025년에 도입된 '이짐 지니어스(EGYM Genius)' 플랫폼은 무려 80억 건 이상의 운동 데이터와 5억 건의 평가 데이터를 학습한 머신러닝 모델을 기반으로, 회원 개개인에게 최적화된 웨이트 트레이닝 플랜을 자동으로 설계한다. 이를 통해 운동 강도, 반복 속도, 세트 수, 회복 시간까지도 사용자에 따라 실시간으로 조정한다.

'이짐' 기구의 핵심 기능은 사용자의 근력 측정을 시작점으로 삼아 적정 중량을 자동 설정하고, 반복하는 동안 속도나 자세가 무너지면 저항을 자동으로 조정하는 것이다. 사용자는 별도로 트레이너의 지시 없이도 기구와의 상호작용을 통해 정확하고 도전적인 운동을 수행할 수 있다. 실제로 초기 도입한 유럽 헬스클럽들에서는 회원의 이탈률이 평균 10% 이상 감소한 것으로 나타났으며, 특히 운동 초보자나 고령 회원층에게서 만족도가 높게 나타났다. 기계가 정량적 기준에 따라 트레이닝을 안내하기 때문에, 처음부터 스스로 잘못된 운동을 반복할 가능성을 줄일 수 있다는 점에서다.

홈트레이닝 시장에서도 이러한 흐름은 뚜렷하게 나타난다. 대표적인 예가 '토널'이다. '토널'은 벽걸이형 스마트 웨이트 머신으로, AI가 내장된 전자식 저항 장치를 통해 최대 250파운드(약 113kg)까지 중량을 생성한다. 사용자가 바벨이나 케이블을 조작하지 않아도, 화면과 연결된 핸들을 통해 다양한 운동을 수행할 수 있다. 여기에 AI 알고리즘이 실시간으로 사용자의 움직임을 감지하여 중량을 예측하고, "무릎을 더 굽혀 주세요"와 같은 코칭 음성을 제공하며 자세를 교정해 준다.

'토널' 2세대 모델은 특히 카메라의 화질과 분석 알고리즘이 한층 강화되어 사용자의 관절 각도나 중심 이동까지 정확히 추적할 수 있다. 또한 'AI 스파터(Spotter)' 기능을 통해 사용자가 반복을 끝내기 어려워질 때 중량을 자동으로 줄이는 기능도 포함되어, 안전성을 크게 향상했다. 이는 혼자 운동할 때 종종 발생하는 과부하나 폼 붕괴로 인한 부상을 예방하는 데 효과적이며, 마치 트레이너가 옆에 있는 것과 같은 심리적 안정감을 제공한다.

한편 프랜차이즈 체육관에서도 이러한 AI 기기와 플랫폼의 통합이 활발히 이루어지고 있다. '에프사오(F45)' 트레이닝은 전 세계 수백 개 지점을 보유한 그룹 트레이닝 체인으로, 모든 지점에서 동일한 프로그램을 동기화하여 운영한다. 최근 F45 본사는 데이터 엔지니어링 전문 기업과 제휴하여 각 지점의 수업 참여도, 기구 사용률, 운동 완료율 등의 데이터를 수집하고 이를 AI 플랫폼으로 분석하는 시스템을 도입했다. 이를 통해 프로그램의 난이도 조정이나 특정 장비의 사용 최적화, 시간대별 수요 예측 등 다양한 운영 전략을 자동화할 수 있게 되었다.

이처럼 스마트 운동 기기와 AI가 결합하면서, 헬스클럽 운영 전략도 변화했다. 이제 센터는 단지 운동 공간을 제공하는 장소를 넘어, 회원 개개인에게 정밀한 맞춤 운동을 제공하는 '운동 데이터 센터'로 탈바꿈하고 있다. 그러나 이러한 변화를 효과적으로 구현하기 위해서는 몇 가지 유의할 점이 있다.

무엇보다 중요한 것은 '기술 표준화'와 '시스템 연동'이다. 다양한 제조사의 스마트 기기들이 난립할 경우, 각 기기의 데이터가 따로 저장되고 연동되지 않아 분석의 일관성을 해치거나, 운영자의 관리 부담이 가중될 수 있다. 따라서 헬스클럽은 자신들의 운영 규모와 예산, 회원 특성에 맞춰 통합 플랫폼을 구축하는 전략이 필요하다.

예를 들어 프리미엄 체육관 체인인 '이퀴녹스'는 자체 개발한 '이큐엑스(EQX)' 앱을 중심으로 러닝머신, 스마트 체중계, 스마트워치 등 다양한 장비를 통합 운영하고 있다. 회원의 운동 이력, 목표, 트레이너 피드백 등이 하나의 생태계 안에서 축적되고 활용되기 때문에, 보다 정밀한 개인화 서비스 제공이 가능해진다. 반면 여러 브랜드의 기기를 무분별하게 섞어 사용할 경우, 각 장비의 데이터가 단절되어 AI의 학습 효과를 제한하고, 장기적으로 유지 관리에도 어려움이 발생할 수 있다.

결국 AI와 기구의 통합이 성공적으로 이뤄지기 위해서는 단지 최신 장비를 도입하는 것만이 아니라, 전체 시스템의 연계성과 운영 전략까지 고려한 '디지털 피트니스 인프라 설계'가 병행되어야 한다. 이를 통해 헬스클럽은 회원 만족도를 높이고, 운영 효율을 향상하며, 경쟁력 있는 차세대 피트니스 공간으로 거듭날 수 있을 것이다.

이러한 AI 기반 스마트 기구의 발전은 퍼스널 트레이닝의 개념을 근본적으로 바꾸고 있다. 트레이너가 모든 회원을 1:1로 지도하지 않아도, 기계가 일정 수준의 코칭을 수행함으로써 규모의 경제를 실현할 수 있게 된 것이다. 동시에 트레이너는 보다 고차원적인 정서적 지도와 전략적 코칭에 집중할 수 있는 여건이 마련된다. 다시 말해 AI는 퍼스널 트레이너를 대체하기보다는, 트레이너의 역량을 확장하는 도구로서 작용하며, 헬스 산업 전체의 서비스 품질을 한층 끌어올리는 촉매제가 되고 있다.

실시간 동작 분석을 통한 자세 교정

실시간 동작 분석을 통한 자세 교정은 AI 기술이 피트니스 분야에 접목되면서 가장 두드러지게 진화하는 영역 중 하나다. 특히 컴퓨터 비전(Computer Vision) 기반의 실시간 자세 분석 기술은 이제 단순한 운동 보조 수준을 넘어, 사용자의 잘못된 움직임을 즉시 탐지하고 교정 지침을 제공함으로써 부상 예방과 운동 효과 극대화를 동시에 실현할 수 있는 수준에 도달했다. 이는 단지 기술적인 진보에 그치지 않고, 퍼스널 트레이닝의 방식 자체가 변화하는 동력이 되고 있다.

AI 기반 실시간 코칭의 핵심은 바로 '눈으로 보는 피드백'을 기계가 대체한다는 데 있다. 과거에는 트레이너가 직접 눈으로 사용자의 동작을 분석하고 수정을 지시해야 했지만, 이제는 AI가 이를 실시간으로 감지하여 사용자에게 직접 교정 지시를 제공한다. 이러한 기술은 2010년대 후반부터 본격적으로 상용화되기 시작했고, 2020년 이후 센서 기술과 3D 비전 알고리즘의 고도화에 따라 더욱 정교해졌다.

대표적인 글로벌 사례로는 '미러', '템포', '펠로톤 가이드(Peloton Guide)' 등이 있다. 이들 제품은 단순히 트레이닝 영상 보여 주기를 넘어, 사용자의 자세를 실시간으로 인식하고 정확도에 따라 피드백을 제공한다. 예를 들어 룰루레몬에서 인수한 '미러'는 전신 거울형 디스플레이 장비로, 화면을 통해 사용자의 동작과 시범 트레이너의 동작을 나란히 보여 준다. 사용자가 무릎을 안쪽으로 모으거나, 허리를 과도하게 젖히는 등의 잘못된 자세를 취하면 즉시 경고 메시지를 제공하여 운동자 스스로 자세를 수정하도록 돕는다. 이 기능은 특히 혼자 운동하는 사용자에게 매우 유용하며, 온라인 트레이닝의 한계를 효과적으로 보완하는 역할을 한다.

'템포'는 여기에 한층 더 정교한 기술을 접목했다. 3D 센서를 활용해 사용자의 동작을 측정하며, 운동 루틴에 따라 반복 횟수와 중량, 세트 수를 실시간으로 조정하는 기능까지 포함하고 있다. 이는 트레이너의 전문적인 판단력을 일부 대체하는 기능으로 작용하며, 특히 중량 운동에서의 자세 정렬과 폼 유지에 탁월한 효과를 발휘한다.

'펠로톤'은 기존의 사이클 중심 플랫폼에서 확장된 버전으로, 카메라를 통해 사용자의 중량 운동 자세를 기록하고 반복 횟수를 자동으로 카운트하거나, 동작 정확도를 분석하여 피드백을 제공한다. 이는 운동자의 자율적인 점검과 목표 관리에 큰 도움을 주며, 퍼스널 트레이닝의 자기 주도적 성격을 강화하는 데 기여한다.

국내에도 이러한 AI 비전 기반 피트니스 코칭 기술이 활발히 도입되고 있다. 대표적인 예가 짐구공 피트니스 센터에서 도입한 '모라핏(MORA Fit)'이다. '모라핏'은 태블릿 기반의 체형 분석 도구로, ±5도 내의 정밀도와 함께 체형 불균형, 관절 각도, 좌우 밸런스 등을 분석해 리포트로 제공한다. 특히 의료 전문가들이 개발에 참여했기 때문에 정형외과적 신뢰성이 높으며, PT 프로그램의 근거 자료로 직접 활용된다.

예를 들어 회원이 어깨 높이의 차이나 골반 기울기와 같은 체형 문제를 가지고 있다면, 트레이너는 이를 데이터로 설명하면서 맞춤형 교정 운동을 제안할 수 있다. 이는 회원 입장에서 운동의 필요성과 목표가 명확해지기 때문에, 프로그램의 몰입도와 지속성이 높아지는 결과로 이어진다. 실제로 '짐구공'은 이러한 데이터 기반 PT 시스템을 운영한 이후 회원의 재등록률이 유의미하게 증가했다고 밝혔다.

또 다른 국내 사례는 '바디닷' 피트니스다. '바디닷'은 '알지비-디(RGB-D)' 센서를 통해 30초 이내에 사용자의 체형을 측정하고, 약 4만 5000건이 넘는 근골격계 데이터를 기반으로 분석을 수행한다. 2025년 세계 가전제품 박람회(CES)에서 피트니스 부문 혁신상을 수상한 이 기술은 병원과의 협업을 통해 임상 신뢰성까지 확보했으며, 피트니스 센터뿐 아니라 의료 현장에서도 활용되고 있다. 특히 공간 효율성과 운영 편의성이 우수해, 센터 운영자들로부터 높은 평가를 받고 있다.

글로벌 장비와 국내 장비의 기술적 특성을 비교하면 다음과 같다. '미러'는 시각적 피드백과 자세 비교 기능에 강점을 지녔으며, '템포'는 정밀 분석과 루틴 자동화 기능, '펠로톤 가이드'는 반복 카운팅과 자세 평가에 초점이 맞춰져 있다. 이에 반해 '모라핏'은 재활 중심의 체형 분석에 특화되어 있고, '바디닷'은 임상 데이터를 기반으로 한 고정밀 분석과 빠른 측정 시간, 그리고 운동 프로그램 설계에 활용할 수 있는 체계적 리포트 기능을 갖추고 있다.

사용자들의 실제 반응도 긍정적이다. '모라핏'을 경험한 회원들은 "운동 전후로 내 체형 변화가 눈에 보여 동기부여가 된다"거나 "정확한 데이터를 기반으로 운동하니 신뢰가 간다"는 피드백을 남기고 있다. '바디닷'을 도입한 병원 관계자 역시 "정확한 측정 덕분에 진료와 트레이닝 사이의 연계가 쉬워졌다"고 평가한다. 이는 단순히 기술의 편의성뿐 아니라, 실제 서비스 품질 향상과 신뢰도 제고에도 기여하고 있다는 의미다.

실제 센터 운영자의 인터뷰에 따르면, "AI 체형 분석 도구를 도입한 이후 상담이 수치 기반으로 가능해져 설득력이 높아졌고, 트레이너와 회원 간 신뢰 형성에도 긍정적 영향이 있었다. 초기 상담부터 목표 설정, 중간 평가까지 AI 리포트를 기반으로 진행하니, 프로그램 완성도가 높아졌다"고 전했다. 이는 데이터 기반 트레이닝이 단지 '기술적 도입' 그 자체를 넘어서, 서비스 구조 전반을 혁신하는 촉매제가 되고 있음을 보여 준다.

앞으로 AI 비전 기반 코칭 기술은 더욱 고도화될 것으로 예상된다. 특히 근전도 센서, 심박수 측정, 체온 분석 등 바이오 데이터를 결합하면, 운동자의 신체 상태를 입체적으로 분석하여 보다 정밀한 운동 처방이 가능해질 것이다. 나아가 운동 데이터뿐 아니라 식습관, 수면 패턴, 스트레스 지표까지 통합 분석함으로써, 전체 라이프스타일을 관리하는 종합 코칭 시스템으로 발전할 것이다. 이는 AI 피트니스가 '운동'에만 국한되지 않고, '헬스케어' 전반을 아우르는 차세대 플랫폼으로 진화하고 있음을 의미한다.

또한 가격 면에서도 저비용 고효율 설루션이 대중화될 가능성이 높다. '모라핏', '바디닷'과 같은 국내 기업들은 설치가 간편하고 유지비가 낮아 중소형 피트니스 센터나 재활 클리닉, 체형 교정 클리닉 등 다양한 환경에서 활용될 수 있다. 이런 기술들은 '고가 장비 중심'의 글로벌 제품과는 차별화된 경쟁력을 갖추고 있으며, 접근성과 실용성을 동시에 충족한다.

결론적으로 AI 비전 기반 피트니스 코칭은 이제 막 시작된 기술이 아니라, 이미 상용화되고 있으며 이로 인해 실질적인 트레이닝 환경이 변화하고 있다. 향후 이 기술은 단지 보조 수단이 아닌, 하나의 '트레이너'로서 자리를 잡게 될 것이다. 인간 트레이너는 보다 창의적이고 정서적인 코칭에 집중하고, AI는 반복적이고 정량적인 분석과 피드백을 담당하는 협업 구조가 정착될 것으로 보인다.

우리는 지금, 피트니스 산업의 새로운 패러다임이 열리는 지점에 서 있다. AI는 더 이상 트렌디한 기술이 아니라, 퍼스널 트레이닝의 필수 구성 요소로 자리 잡고 있으며, 향후 피트니스 업계의 경쟁력을 좌우할 핵심 자산으로 기능하게 될 것이다. 따라서 이 기술을 어떻게 활용하고, 어떤 방식으로 인간 트레이너와 유기적으로 연결하느냐가 향후 피트니스 산업의 미래를 결정짓는 관건이 될 것이다.

퍼스널 트레이닝과 헬스 플랫폼의 산업적 전환점

AI가 장착된 스마트 피트니스 기기는 단순한 기계적 운동 보조 수단을 넘어서, 퍼스널 트레이닝의 본질을 근본적으로 재정의하고 있다. 이는 단순히 트레이너의 일부 기능을 자동화하거나 효율화하는 수준이 아니라, 트레이닝이라는 행위 전체의 구조가 변화되는 '산업적 전환점'이라 해도 과언이 아니다. 특히 기기와 플랫폼의 통합이 가져오는 변화는 운동 프로그램의 설계와 제공 방식, 운영 방식, 회원 관리 전략, 그리고 헬스케어 산업과의 연계성까지 피트니스 산업의 거의 모든 층위를 재구성하고 있다.

우선 AI 기반 스마트 기기들은 대면 코칭의 '수행 기능'을 상당 부분 자동화하고 있다. 반복 횟수 측정, 중량 조절, 자세 교정, 피로도 판단 등 기존에는 트레이너의 숙련도와 집중도에 의존했던 부분이 알고리즘 기반으로 처리되면서, 정량적 트레이닝이 정교하게 이루어진다. 예를 들어 '토널'의 'AI 스파터' 기능처럼 사용자가 반복 수행이 어려워지는 순간을 감지하고 자동으로 중량을 줄이는 기능은, 현장에서 인간 트레이너의 개입 없이도 부상을 예방하고 훈련 지속성을 확보하게 한다. '이짐'의 스마트 웨이트 시스템은 사용자별 근력 수치와 반복 성향, 속도 정보를 바탕으로 매 세션 목표를 자동 조정함으로써, 트레이너의 피드백을 기다리지 않고도 자율적이고 유의미한 운동이 가능하도록 만든다.

이러한 변화는 단순히 자동화에 그치지 않는다. 핵심은 '데이터 기반 개인화(Personalization)'다. AI는 반복 수행된 수천, 수만 건의 훈련 데이터를 분석하여 사용자의 운동 패턴과 생리학적 반응을 학습하고, 그에 따라 운동 루틴을 자동으로 업데이트한다. 이는 인간 트레이너가 아무리 숙련되어 있더라도 한눈에 포착하기 어려운 세부 변수들을 감지하고 반영하는 방식으로, 사용자에게 보다 정밀한 트레이닝을 제공할 수 있다. 특히 웨어러블 기기와의 연동을 통해 심박수, 호흡수, 수면의 질, 스트레스 지수 등까지 통합 관리되는 방식은 운동 중심의 피트니스에서 건강 중심의 헬스케어 산업으로의 전환을 뒷받침하는 중요한 구조다.

이러한 환경 변화 속에서 인간 트레이너의 역할은 오히려 더 고차원적이고 인간 중심적인 방향으로 진화하고 있다. 반복적인 기술 지도나 수동적인 계획 수립에 소요되던 시간이 줄어든 만큼, 트레이너는 회원의 정서 상태를 파악하고, 운동 습관화의 어려움, 생활 패턴 조정, 동기부여, 성취감 관리 등 보다 심리 사회적인 요소에 집중할 수 있다. 다시 말해 트레이너는 운동 기술을 가르치는 '기능 제공자'에서, 전반적인 삶의 질을 함께 설계하는 '라이프 코치'로 진화하게 되는 것이다.

트레이너의 역할 변화는 헬스클럽 운영 방식에도 큰 영향을 미친다. AI 기반 시스템은 각 회원의 운동 이력,

출석 빈도, 프로그램 선호도 등을 분석하여 마케팅 전략, 프로그램 개선, 시설 배치 등 운영 전반에 대한 인사이트를 제공한다. 예를 들어 어떤 시간대에 어떤 프로그램이 인기가 많은지, 어떤 회원군이 이탈 위험이 높은지, 특정 기기의 사용률은 어떤지 등을 한눈에 파악할 수 있으며, 이는 운영 효율성을 획기적으로 높여 준다. 이처럼 '데이터 중심 운영'은 AI가 단순히 사용자의 운동을 보조하는 것이 아니라, 센터 전체를 하나의 유기적인 피트니스 시스템으로 통합해 가는 과정에서 중요한 축이 된다.

미래 피트니스 산업의 핵심은 이러한 스마트 기기와 플랫폼이 얼마나 효과적으로 통합되느냐에 달려 있다. 단순히 고성능 AI 기기를 도입한다고 해서 효과가 보장되는 것은 아니다. 중요한 것은 각 기기가 생성하는 데이터를 중앙 플랫폼에서 일관되게 수집하고, 분석하고, 피드백으로 되돌려 줄 수 있는 통합 시스템의 구축이다. 이때 고려해야 할 요소는 다양하다. 첫째, 기기 간 호환성과 표준화다. 브랜드마다 데이터 구조와 분석 방식이 다르면 통합이 어려워지고, 이는 AI 학습 효율을 저해한다. 둘째, 사용자 중심의 인터페이스다. 아무리 정교한 기능이라도 사용자가 직관적으로 접근하고 이해할 수 없다면 활용도는 낮아질 수밖에 없다. 셋째, 개인정보 보호와 데이터 보안이다. 민감한 생체 정보가 지속적으로 수집되는 만큼, AI 플랫폼은 강력한 보안 체계와 함께 윤리적 데이터 운용 정책을 갖춰야 한다.

산업 구조 자체도 스마트화되고 있다. 예를 들어 대형 체육 시설들은 이제 '스마트 짐(Smart Gym)'이라는 새로운 형태로 전환되고 있다. 이들은 단순한 헬스클럽이 아니라, 회원 개인의 운동·영양·생활 패턴 데이터를 종합적으로 수집·분석하여 맞춤형 건강관리 서비스를 제공하는 데이터 기반 헬스 플랫폼으로 진화하고 있다. 더 나아가 보험사, 병원, 식품업계 등 다양한 산업군과의 연계가 확대되면서, 피트니스 산업은 '운동 중심 산업'에서 '건강 중심 산업'으로 확장되는 중이다. 이 과정에서 AI는 단순한 기술 도구가 아니라 산업 간 융합의 촉매제가 된다.

AI 기반 스마트 피트니스 기기는 결국 퍼스널 트레이닝의 진화를 넘어서, 피트니스 산업 전체의 경쟁력을 좌우하는 전략적 자산으로 자리매김하고 있다. 이 기술을 어떻게 설계하고, 어떤 방식으로 사람 중심의 서비스와 연결할 것인지는 향후 10년 피트니스 시장의 판도를 결정지을 핵심 요소가 될 것이다. AI가 단지 '더 똑똑한 기계'를 의미하는 것이 아니라, '더 정교한 인간 중심 경험'

을 만드는 수단으로 사용되어야 한다는 사실을 우리는 반드시 기억해야 한다.

결론적으로 스마트 기기와 설비의 통합은 피트니스 산업의 미래를 결정짓는 중추적인 축이다. 이 기술들은 퍼스널 트레이닝의 효율성을 높이는 것을 넘어, 트레이너의 역할이 변화하고, 헬스클럽의 운영 방식에 혁신을 일으키며, 궁극적으로는 사용자에게 더 나은 건강과 삶의 질을 제공하는 방향으로 진화하고 있다. 그리고 이 거대한 변화의 물결은 지금 이 순간에도 전 세계 피트니스 산업 현장에서 빠르게 진행 중이다. 피트니스의 미래는 더는 '몸만 다듬는 공간'이 아니라, AI 기술과 인간 트레이너의 협업을 통해 '삶 전체를 관리하는 플랫폼'으로 확장되고 있다.

참고문헌

권연아(2024.7.17). "디지털 헬스케어, 만성질환 관리의 전환… 맞춤형 치료 가능한 시대". 바이오타임즈. https://www.biotimes.co.kr/news/articleView.html?idxno=16142

김기봉 · 한군희(2020). "4차 산업혁명시대의 디지털 헬스케어 산업에 대한 연구". 《융합정보논문지》, 10(3), 7~15쪽.

박서연 외(2017). "스마트 피트니스웨어를 위한 운동 흥미의 동인분석". 《한국감성과학회 춘계학술대회》, 23쪽.

이재명(2025.1.8). “진단 넘어 치료 기술로 도약한 디지털 헬스 … AI 만나 시장성 해법 찾을까”. 한국일보.
https://www.hankookilbo.com/News/Read/A2025010716050002516

조영은 · 송영화(2018). “산업 융합화에 따른 새로운 비즈니스 생태계 패러다임 연구: 구글과 애플의 헬스케어 플랫폼 사례 비교를 중심으로”. 《경영교육연구》, 33(1), 365~383쪽.

한아름(2020). “인공지능 (AI) 기술 기반 제품디자인 사례 연구: 뷰티 디바이스를 중심으로”. 《한국디자인문화학회지》, 26(1), 525~535쪽.

04
AI 기반 피트니스 장비와 애플리케이션

AI 피트니스 기기의 진화는 사용자 중심으로 운동의 주체가 이동하며, 보다 정밀하고 지속 가능한 트레이닝을 가능하게 만든다. 기계는 단순한 보조 도구를 넘어 피드백과 예측, 조정의 기능을 갖춘 '지능형 파트너'로 자리 잡고 있으며, 사용자와 상호작용하는 새로운 트레이닝 문화를 형성한다. 이제 운동은 정해진 루틴을 따르는 것이 아니라, 데이터와 대화를 기반으로 끊임없이 변화하는 살아 있는 경험이 되고 있다.

청각장애인과 AI?

AI 피트니스 기기의 진화: 개인화된 트레이닝 경험의 새로운 기준

피트니스 산업이 디지털 전환을 거치며 본질적인 진화를 겪고 있는 가운데, 그 중심에는 'AI가 장착된 스마트 운동 기기'들이 있다. 특히 헬스장에서 사용되는 웨이트 머신과 가정용 트레이닝 장비, 유산소 운동 기기들이 AI 기술과 결합하면서, 과거에는 상상하기 어려웠던 수준의 개인 맞춤형 운동 경험이 현실화되고 있다. 이 기술적 진보는 단순히 장비의 기능을 고도화하는 것을 넘어, 트레이닝 방식 자체를 완전히 새로운 틀로 재편하며, 사용자와 피트니스 공간 간의 상호작용 방식에 결정적인 변화를 일으키고 있다.

우선 헬스클럽에서 주로 사용하는 스마트 웨이트 머신의 대표 사례로는 테크노짐(Technogym)의 '바이오스트렝스(Biostrength)' 라인을 들 수 있다. 테크노짐은 피트니스 장비 분야에서 세계적으로 가장 앞선 브랜드 중 하나로, '바이오스트렝스' 시리즈는 머신 그 자체가 AI 트레이너 역할을 하는 혁신적 구조를 갖추고 있다. 이 장비는 사용자가 목표를 설정하면, 예를 들어 '근비대(Hypertrophy)'나 '근력 강화(Strength)'와 같은 피트니스 목표를 선택했을 때, AI가 사용자의 신체적 특성과 운동 경향을 분석하여 맞춤형 훈련 프로그램을 설계하고 안내한다. 머신은 사용자의 동작 범위, 속도, 반복 리듬, 자세를 실시간으로 모니터링하여 운동이 비효율적으로 수행되지 않도록 유도하며, 프로그램 진행 상황은 장비 화면을 통해 직관적으로 표시된다.

예를 들어 사용자가 벤치프레스 운동을 수행할 때, 바이오스트렝스는 사용자의 움직임 데이터를 바탕으로 무게를 자동으로 설정하며, 근육의 수축 속도와 회복 속도까지 고려하여 가장 효과적인 반복과 세트를 계산한다. 이러한 기능은 단순한 자동화 기능을 넘어서 운동 생리학을 기반으로 한 맞춤 훈련을 실시간으로 제공하는 수준이며, 트레이너의 개입 없이도 과학적으로 설계된 프로그램을 실행할 수 있도록 돕는다. 이는 트레이너가 모든 회원을 일일이 봐 줄 수 없는 현장 환경에서, 특히 초보자나 고령자 등에게 큰 도움이 되는 시스템이다.

가정용 스마트 웨이트 장비 분야에서도 이와 유사한 개념이 점차 보편화되고 있다. 대표적인 사례가 바로 '토널'이다. '토널'은 벽걸이형 스마트 웨이트 장비로, 외관은 단순하지만 내부적으로는 고도화된 AI 알고리즘과 전자식 저항 기술이 결합되어 있다. 사용자는 장비에 내장된 손잡이나 케이블을 통해 운동을 수행하며, 이 과정에서 매 세션 사용자의 힘 발휘 상태를 정밀하게 측정한다.

이러한 측정 데이터를 바탕으로 '토널'은 사용자의 근력 수준과 피로 상태를 판단하여 적절한 저항 값을 자동으로 설정하고, 운동이 끝날 때마다 데이터를 분석해 향후 훈련 계획을 조정한다. 특히 '토널'은 '점진적 과부하(Progressive Overload)'라는 운동의 핵심 원리를 알고리즘으로 구현한다. 즉 매회 조금씩 부하를 늘려 근육에 적절한 자극을 지속적으로 제공함으로써, 사용자에게 훈련 효과를 극대화할 수 있도록 한다. 이 과정은 사람이 직접 조절하는 것보다 오히려 더 정밀하게 작동하며, 운동 초보자뿐만 아니라 중급 이상의 사용자에게도 일관성 있고 효율적인 근육 발달을 가능하게 한다.

또한 '토널'은 자세 분석 기능까지 포함하고 있어, 사용자의 운동 패턴이 불안정하거나 관절 정렬이 틀어졌을 경우 실시간 피드백을 제공한다. "팔꿈치를 더 모아보세요", "무릎이 안으로 들어갔습니다" 등과 같은 지침이 음성 또는 화면을 통해 전달되며, 이는 마치 AI 트레이너가 옆에서 코칭해 주는 듯한 경험을 제공한다. '토널'은 실제로 미국 내에서 재택근무 확산과 함께 홈트레이닝 수요가 급증한 시기에 크게 주목받았으며, 사용자의 운동 지속률과 만족도 면에서 매우 긍정적인 평가를 받았다.

유산소 운동 장비에서도 이러한 AI 통합의 흐름은 예외가 아니다. 대표적인 사례는 '펠로톤'이다. 원래 라이브 스트리밍 기반의 실내 사이클 브랜드로 잘 알려져 있으며, 사용자는 실시간 수업에 참여하면서 전 세계의 다른 사용자들과 함께 운동을 즐길 수 있다. 하지만 단순히 '영상 콘텐츠 제공' 수준에서 머무르지 않고, 여기에 AI 기술을 결합함으로써 개인화된 운동 추천 기능과 피드백 시스템을 강화했다.

'펠로톤'은 사용자가 선호하는 강사, 수업 스타일, 운동 강도, 운동 시간대 등을 학습하여 가장 적합한 클래스를 자동으로 추천해 주는 알고리즘을 탑재했다. 또한 운동이 끝난 뒤에는 사용자의 심박수, 페달 속도, 운동 지속 시간, 칼로리 소모량 등을 분석하여 종합 리포트를 제공하며, 사용자가 자신의 상태와 발전 정도를 시각적으로 확인할 수 있게 해 준다.

최근에는 이러한 기술력을 근력 운동과 맨몸 운동 분야로 확장하기 위해 '펠로톤 가이드'라는 신제품을 출시했다. 이 제품은 카메라 센서가 탑재된 셋톱박스 형태로, TV에 연결하여 사용하는 방식이다. 사용자가 스쾃, 런지, 푸시업 등 다양한 맨몸 운동을 할 때 카메라가 자세를 인식하고, 잘못된 폼이나 움직임을 감지하여 즉각적인 피드백을 제공한다. 이 과정은 실제 퍼스널 트레이너가 제공하는 코칭과 유사한 수준으로, 사용자는 혼자서도 보다 안전하고 효과적인 운동을 수행할 수 있다.

'펠로톤 가이드'는 AI 비전 기술을 활용하여 사용자의 신체 움직임을 실시간으로 트래킹할 수 있으며, 각 동작의 정확성을 평가하고 점수를 부여하는 기능까지 포함한다. 이는 운동에 '게임화(Gamification)' 요소를 결합하여 동기부여를 유도하는 장치로도 활용되며, 운동에 대한 몰입도를 높이는 데 기여한다.

이처럼 AI가 통합된 스마트 피트니스 기기들은 단순한 편의성을 넘어, 운동의 질과 안전성, 지속 가능성이 전반적으로 향상하도록 한다. 기기가 사용자의 데이터를 실시간으로 학습하고 피드백함으로써, 인간 트레이너가 놓칠 수 있는 부분을 보완하고, 더욱 체계적이고 과학적인 운동 경험을 제공할 수 있게 된 것이다. 동시에 사용자는 '내 몸에 맞는 운동'을 손쉽게 접할 수 있고, 꾸준한 데이터 기반 피드백을 통해 자신을 관리하고 성장할 수 있는 환경을 갖추게 되었다.

AI 기반 피트니스 기기의 보편화는 앞으로의 피트니

스 산업을 '서비스 중심'에서 '경험 중심'으로 이끄는 핵심 요인으로 작용할 것이다. AI는 트레이너를 완전히 대체하는 존재가 아니라, 트레이너의 역량을 증폭하는 조력자로서, 그리고 사용자의 헬스 여정을 지원하는 동반자로서 기능하고 있다. 피트니스의 미래는 AI와 인간의 협력 속에서 보다 정교하고, 개별화되며, 누구에게나 열려 있는 건강한 라이프스타일로 확장될 것이다.

AI와 결합된 스마트 인사이트: 단순 측정을 넘어서다

웨어러블 기기는 이제 단순한 만보계나 시간 확인 장치를 넘어, AI 기반의 개인 맞춤형 피트니스 생태계에서 핵심적인 축을 담당하는 기술 플랫폼으로 자리매김하고 있다. 우리가 손목에 차는 작은 기기가, 단순한 걸음 수나 심박수만을 측정하는 시대는 이미 지났다. 오늘날 웨어러블 기기는 심박수, 심박변이도(HRV), 수면 패턴, 혈중 산소포화도(SpO_2), 호흡수, 체온 등 다양한 생체 데이터를 정밀하게 수집할 수 있으며, 이 모든 데이터를 AI가 실시간으로 분석하여 사용자에게 의미 있는 피드백과 예측 정보를 제공하는 수준에 이르렀다.

대표적인 예로, 애플 워치는 단순한 건강 지표를 보여

주는 데 그치지 않고, 수집된 데이터를 종합 분석하여 사용자의 하루 컨디션을 예측하고, 그에 맞는 운동량을 제안한다. 예컨대 "오늘은 피로도가 높으니 고강도 유산소보다는 가벼운 스트레칭을 추천합니다"라는 형태의 코칭 메시지가 기기 자체에서 전달된다. 단순한 수치 나열에 그치는 것이 아니라, AI가 사용자 데이터를 학습하고 패턴을 인식해 상황에 맞는 결정을 내리는 '맞춤형 조언자'로 기능하고 있는 것이다. 여기에 더해, 운동 후에는 회복 상태를 평가하여 휴식이 필요하다는 신호도 제공하며, 단기적 퍼포먼스 향상뿐 아니라 장기적 컨디션 관리를 가능하게 한다.

더욱 고도화된 기능을 제공하는 웨어러블 제품들도 있다. 후프(WHOOP) 밴드나 오라 링(Oura Ring)은 AI가 내장된 전용 알고리즘을 바탕으로 피로도, 회복력, 수면 질을 수치화한 '회복 점수'를 제공한다. 후프는 사용자의 수면 시간, 수면 깊이, 심박 변이도, 심박수 등을 통합 분석하여 "오늘은 고강도 트레이닝에 적합하다"거나 "휴식이 더 필요한 날이다"라는 맞춤형 조언을 매일 아침 제공한다. 오라 링 역시 비슷한 방식으로 수면과 회복 패턴을 기반으로 사용자의 신체 상태를 종합 평가하고, 주기적인 알림을 통해 건강한 생활 습관 형성을 유도한다. 이 모든 분석은 수백만 명의 사용자로부터 익명화된 데이터를 바탕으로 훈련된 AI 모델을 통해 도출되며, 결과적으로 개인이 언제 더 강하게 훈련하고 언제 휴식을 취해야 할지를 과학적으로 판단할 수 있도록 돕는다.

이러한 웨어러블 기기는 운동 중 실시간 코칭 도구로도 활용된다. 예컨대 최신 러닝 워치들은 사용자가 달리기를 수행하는 동안 실시간으로 심박수를 측정하고, 사전에 설정된 목표 심박수 영역(Zone)에서 벗어나면 진동이나 음성 피드백을 통해 경고를 제공한다. "페이스를 줄이세요", "지금 심박이 목표보다 낮습니다. 속도를 올려 주세요"라는 메시지를 통해 사용자는 자신도 모르게 운동 강도를 조절하고 최적의 운동 효과를 얻을 수 있게 된다. 이는 기존 퍼스널 트레이너가 실시간으로 제공하던 코칭을 기술적으로 대체하거나 보완하는 기능으로, 트레이너 없이 혼자 운동하는 사람들에게 매우 유용하다. 또한 어떤 웨어러블은 사용자의 동작 반복을 인식하거나, 관절 각도에 따라 폼 교정 피드백까지 제공하기 때문에, 점차 '손목 위의 트레이너'라는 별명이 어울릴 만큼 기능적 완성도를 갖추고 있다.

더 나아가 AI는 웨어러블 기기를 통해 사용자 행동을 예측하고, 운동 습관을 형성하는 데에도 기여하고 있다.

사용자가 매주 화요일에 운동을 자주 빠뜨리는 경향이 있다는 것을 학습한 AI는, 화요일 아침에 맞춤 알림을 제공하거나 그날의 피트니스 목표를 낮춰 운동 지속률을 끌어올리는 전략을 구사할 수 있다. 또는 사용자가 특정 운동을 선호하는 경향이 있다면, 비슷한 유형의 활동을 추천해 주는 방식으로 습관화를 유도한다. 이런 정교한 피드백은 단순한 알림 기능을 넘어, 사용자의 삶 속에 운동이 자연스럽게 녹아들 수 있도록 하는 강력한 행동 심리적 개입이 된다.

이처럼 웨어러블 기기와 AI의 결합은 운동 트래킹 기술의 고도화를 넘어서, 전인적 건강관리 시스템으로 확장되고 있다. 이제 피트니스는 단지 체중 감량이나 근육 증가를 목표로 하는 활동이 아니라, 수면의 질, 회복 상태, 정신적 스트레스 수준까지 아우르는 종합 건강관리의 일환이 되었으며, 그 중심에 웨어러블이 있다. 앞으로 웨어러블은 혈압, 혈당, 호르몬 분비량, 생리 주기, 스트레스 지수 등까지 측정 가능한 센서를 탑재하면서, 의료 산업과의 경계를 허물 것이다. 실제로 이미 다수의 웨어러블 제조사는 병원, 보험사, 약국 체인과의 협업을 통해 조기 질병 탐지, 만성 질환 관리, 보험료 책정 모델 등에 활용하고 있다.

결국 웨어러블 기기는 AI 피트니스 생태계에서 단순한 주변 장비가 아니라, '두뇌' 역할을 수행하는 핵심 허브다. 이 작은 기기는 수많은 정보를 수집하고 분석하며, 사용자에게 매일의 건강 상태와 운동 가능 여부를 알려주고, 장기적으로는 건강 습관 형성과 질병 예방까지 가능하게 만든다. 피트니스 산업은 이제 '기록의 시대'를 지나 '해석과 제안의 시대'로 진입하고 있으며, 웨어러블은 그 중심에서 AI의 실질적 가치를 사용자의 일상에 구현하고 있는 가장 강력한 매개체로 자리 잡고 있다. 웨어러블과 AI의 결합은 더 똑똑한 운동, 더 나은 성과, 더 건강한 삶을 가능하게 만들며, 피트니스와 헬스케어의 미래를 주도해 나갈 것이다.

AI 운동 앱의 진화: 누구나 코칭 받는 시대

운동 코칭 앱은 오늘날 피트니스 기술 진화의 중요한 축으로 자리 잡고 있으며, 특히 AI와 결합을 통해 운동 초보자부터 중·고급 운동자까지 모두에게 개인 맞춤형 코칭을 제공하는 핵심 도구로 활용되고 있다. 이전까지 운동 계획을 세우기 위해 전문 트레이너나 복잡한 지식이 필요했다면, 이제는 단지 스마트폰 하나만으로도 개인의 체력 수준, 운동 목표, 운동 선호도에 최적화된 훈련 프로그램을 실시간으로 제공받을 수 있는 시대가 된 것이다.

대표적인 AI 운동 앱으로는 '프리레틱스(Freeletics)'와 '핏봇(Fitbod)'이 있다. '프리레틱스'는 간단한 체력 테스트와 설문을 통해 사용자의 현재 상태를 진단하고, 이를 바탕으로 매일 운동 루틴을 생성해 준다. 예를 들어 사용자에게 "플랭크를 몇 초 할 수 있는가", "푸시업은 몇 개 가능한가" 등의 질문을 통해 기초 체력을 파악한 뒤, 그 결과에 따라 개인화된 운동 루틴을 자동으로 설계하는 방식이다. 사용자가 매 세션을 완료하면 앱에 기록하고, 동시에 피드백을 입력할 수 있다. "오늘 운동이 너무 쉬웠다" 혹은 "동작이 너무 어려워서 중간에 포기했다"와 같은 피드백이 들어가면, AI가 그 데이터를 학습하여 다음 운동의 강도와 구성 요소를 자동으로 조정한다. 이러한 알고리즘은 수십만 건 이상의 사용자 데이터를 학습한 결과로, 다양한 신체 조건과 목표를 가진 사용자들에게 매우 정밀한 수준의 개인화된 훈련 프로그램을 제공하는 데 효과가 있다.

'핏봇' 또한 유사한 기능을 갖추고 있다. 사용자의 운동 기록을 분석해 자주 훈련한 부위는 회복 기간을 고려해 제외하고, 상대적으로 덜 사용한 부위를 중심으로 새로운 루틴을 구성해 준다. 이로써 특정 근육군에 과도한 부하가 걸리는 것을 방지하고, 운동 효과를 극대화할 수 있는 밸런스 있는 루틴이 지속해서 업데이트된다. 이러한 AI 기반의 동적 프로그램은 일반적인 정적인 운동 계획보다 훨씬 유연하며, 사용자의 체력 변화나 일상 패턴에 능동적으로 대응할 수 있다.

최근에는 이보다 더 진화된 형태의 챗봇 기반 AI 코치도 등장하고 있다. 사용자가 앱 내에서 "오늘 복근 운동 뭐 할까?"라고 입력하면, AI가 "러시안 트위스트 30초, 크런치 20회, 플랭크 1분 세트로 구성된 루틴을 추천합니다"라는 식으로 바로 운동 계획을 제안한다. 이런 대화형 인터페이스는 사용자가 마치 실제 트레이너와 대화를 나누는 듯한 경험을 제공하며, 피트니스 접근성을 더욱 높인다. 더불어 이 챗봇은 사용자의 기분 상태나 컨디션을 질문하고, 그에 맞게 운동의 강도나 회복 중심 루틴으로 조절하는 방식까지 도입하며 점점 더 정교해지고 있다.

운동 앱에 AI 기반 영상 분석 기능이 접목되는 흐름도 빠르게 확산하고 있다. 스마트폰 카메라를 켜고 운동하는 장면을 촬영하면, AI가 사용자 동작을 인식하고 자세의 정확성을 평가해 주는 기능이 그것이다. 예를 들어 스쿼트를 할 때 무릎이 안쪽으로 모이거나, 허리가 굽는 등의 오류를 감지하면, "무릎은 발끝 방향과 일직선으로 유지하세요", "허리를 펴세요" 등의 피드백을 화면에 제공한다. 이러한 기능은 특히 홈트레이닝 환경에서 트레이너의 직접적인 피드백을 받을 수 없는 사용자에게 매우 유용하며, 잘못된 자세로 인해 생길 수 있는 부상을 예방하고, 운동 효과를 극대화하는 데 크게 기여한다.

국내 사례로는 '버핏그라운드'의 '스마트 피트니스 시스템'이 주목받고 있다. '버핏그라운드'는 AI까지는 아니지만, 사물 인터넷(IoT) 센서와 알고리즘 기반 기술을 활용하여 헬스장 내 유산소 운동 경험을 게임화(Gamification)하는 데 성공한 사례다. 이 시스템은 러닝머신이나 사이클과 같은 유산소 기기들을 회원의 스마트폰 앱과 연동하여, 사용자가 뛴 거리나 소비한 칼로리를 실시간으로 감지하고, 그에 따라 마일리지를 적립해주는 방식으로 작동한다. 예를 들어 사용자가 3km를 달리면 300포인트가 적립되고, 일정 포인트 이상 쌓이면 프로틴 음료, 아메리카노, 운동기구 이용권 등 실질적인 보상으로 교환할 수 있다. 여기에 더해, 앱 내에는 협동 미션 기능이나 랭킹 기능도 포함되어 있어, 회원들 간에 자연스러운 경쟁과 협력이 유도되며 운동의 재미를 높인다.

'버핏그라운드'가 도입한 이 시스템은 2024년 3월부터 전 지점으로 확대되었으며, 초기부터 "운동을 하면 숨이 찬 만큼 마일리지가 쌓이고, 그 마일리지로 실제 보상을 받을 수 있다"는 직관적인 재미 요소가 회원들의 뜨거운 반응을 이끌어 냈다. 사용자들은 "지루한 러닝머신이 게임처럼 느껴진다", "운동하면서 포인트를 쌓고 커피를 공짜로 마실 수 있어 동기부여가 된다"고 말한다. 이처럼 피트니스에 게임 요소와 보상을 결합하면, 운동 참여도를 크게 높이고, 회원들의 지속적인 이용을 유도할 수 있는 매우 강력한 전략이 된다.

결과적으로 우리는 지금, AI 기술과 피트니스 앱의 만남을 통해 '운동의 민주화'가 실현되는 시대를 살고 있다. 스마트 웨이트 머신은 개인 트레이너처럼 운동을 실시간으로 코칭하고, 웨어러블 기기는 의사처럼 몸 상태를 분석하여 피드백을 제공하며, 운동 앱은 사용자와 대화하며 매일의 훈련 루틴을 설계해 주는 역할을 수행하고 있다. 이런 기술적 진보 덕분에 누구든지 장소와 시간의 제약 없이 효과적이고 안전한 운동을 할 수 있는 환경이 마련되었으며, 홈트레이닝의 한계도 점차 극복되고 있다.

하지만 동시에 우리는 이 기술들이 도구일 뿐, 주체는 사용자 자신임을 잊지 말아야 한다. AI는 데이터를 통해 최적의 방법을 제시할 수 있지만, 결국 그것을 실행하고 지속하는 것은 인간의 의지다. 따라서 AI 기반 피트니스 앱이나 기기를 사용할 때, 수동적으로 명령을 따르기보다는 피드백을 적극적으로 해석하고 자신만의 리듬과 패턴을 만들어 가는 주체적인 자세가 필요하다. AI는 최고의 코치가 될 수 있지만, 가장 중요한 것은 사용자의 꾸준함과 자기 관리 능력이다.

AI 운동 앱의 발전은 앞으로도 계속될 것이다. 더 똑똑한 알고리즘, 더 정교한 피드백, 더 인간적인 인터페이스가 개발될 것이며, 이는 더욱 많은 사람들이 건강한 삶에 도달할 기회를 제공할 것이다. 우리는 단순한 체력 향상이 아니라, 자신과의 대화를 통해 더 나은 삶의 방식을 만들어 가는 과정 속에 있다. 그리고 그 여정에 AI가 함께하는 시대는, 단지 기술의 진보만이 아닌, '운동의 문화'를 다시 쓰는 순간이 되고 있다.

참고문헌

김상윤(2025.7.11). "AI로 진화한 헬스케어… 삼성전자가 바라본 미래는?". 마켓인.
https://marketin.edaily.co.kr/News/ReadE?newsId=01125046642233536

신은하(2019). "홈트레이닝을 위한 스마트헬스시스템 설계 및 구현". 《디지털콘텐츠학회논문지》, 20(3), 451~457쪽.

윤지은 · 서창진(2018). "토픽모델링과 에고 네트워크 분석을 활용한 스마트 헬스케어 연구동향 분석". 《디지털콘텐츠학회논문지》, 19(5), 981~993쪽.

지상덕 · 송균석(2018). "피트니스 센터 내 체험요인이 지각된 품질과 고객만족에 미치는 영향: 고객의 성별 및 이용기간의 조절효과를 중심으로". 《글로벌경영학회지》, 15(4), 53~86쪽.

최원경(2024). "2024년의 새로운 트렌드－스마트 링 및 웨어러블 기기". 《지방정부》, 42, 78~79쪽.

최윤섭(2016). "인공지능: 미래의사의 역할을 대체할 것인가". 《의학교육논단》, 18(2), 47~50쪽.

한누리(2024.10.1). "[AI미래 2050] 인공지능, 피트니스의 새로운 지평을 열다… '인간 트레이너 넘어설까?'". AI라이프경제.
http://www.aifnlife.co.kr/news/articleView.html?idxno=24068

05
AI와 고객 관리

AI 챗봇과 가상 트레이너 어시스턴트는 피트니스 센터의 고객 응대와 코칭 방식을 혁신하며, 운영 효율성과 고객 만족도를 동시에 높인다. 이 기술은 반복적인 문의 대응을 자동화하고, 정서적 피드백과 운동 데이터 분석까지 수행하며, 트레이너와 협업하는 새로운 서비스 구조를 만들어 내고 있다. 결국 피트니스 산업의 경쟁력은 시설이 아닌 '지속 가능한 개인 맞춤 소통'에 달려 있으며, AI는 이를 실현하는 핵심 동반자가 되어 간다.

AI 콘텐츠 크리에이터?

AI 챗봇, 피트니스 센터 회원 응대의 새로운 표준

현재 피트니스 센터들이 겪는 가장 현실적인 문제 중 하나는 회원 응대 리소스의 부족이다. 센터 규모가 크든 작든, 프런트 데스크나 관리 담당자는 늘 한정된 인원으로 수많은 문의를 감당해야 한다. 신규 문의, 등록 문의, 수업 예약 확인, 시간표 요청, PT 가격 문의, 이벤트 일정, 기구 사용법, 주차 안내 등 하루에도 수십 건의 동일하거나 유사한 질문이 반복되지만, 이 모든 것에 일일이 대응하기 위해 인력을 무한정 투입할 수는 없는 구조다. 이때 AI 챗봇을 도입하면, 운영 시간 외는 물론이고 운영 중에도 단순 반복성 문의를 자동으로 처리할 수 있어, 기존 인력이 고차원적 업무에 집중할 수 있는 구조를 만들 수 있다.

예를 들어 고객이 "오늘 요가 수업 자리가 있나요?", "PT 가격은 얼마인가요?", "주차는 무료인가요?", "월요일에 단체 운동(GX) 수업 뭐 있어요?"라는 질문을 할 때, AI 챗봇이 사전에 입력된 데이터와 센터 운영 시스템과의 연동을 통해 정확하고 일관된 정보를 실시간으로 제공할 수 있다. 과거에는 이러한 정보가 프런트 직원의 기억이나 수기로 작성된 공지 사항에 의존하곤 했지만, 챗봇이 도입되면 이 정보가 체계화되고 자동화된다. 그뿐만 아니라 챗봇은 언제나 대기하고 있기 때문에 야간, 새벽, 휴일에도 사용자의 문의에 즉각 반응할 수 있어 '24시간 무휴 피트니스 커뮤니케이션'을 실현할 수 있다.

무엇보다 중요한 것은 서비스의 일관성과 정확성 확보다. 기존에는 프런트 직원의 말투나 응대 스킬, 기분 상태에 따라 고객 경험의 품질이 달라지는 경우가 잦았다. 때로는 잘못된 정보 전달이나 중복 응답, 답변 지연 등으로 인해 고객 불만이 생기기도 한다. AI 챗봇은 매번 동일한 기준, 동일한 언어, 동일한 구조로 응대하기 때문에 고객 경험의 품질을 일정 수준 이상으로 끌어올릴 수 있으며, 브랜드 신뢰를 형성하는 데에도 긍정적인 영향을 준다. 특히 피트니스 브랜드가 여러 지점을 운영하거나 전국 확장을 고려할 경우, 이런 응대 품질의 표준화는 핵심 경쟁력이 된다.

또한 AI 챗봇은 단순한 큐앤에이(Q&A) 대응 기능에 그치지 않는다. 현재의 대화형 AI는 자연어 처리(NLP) 기술을 통해 사용자의 문맥을 파악하고, 더 복잡한 문의도 구조화하여 이해할 수 있다. 예를 들어 "오늘 스피닝 수업 자리는 없을까요? 내일 등록도 가능한가요?"처럼 중첩된 질문이 들어왔을 때도 문장을 분해해 응답하며,

"처음 등록하려고 하는데 어떤 수업이 좋아요?"라는 주관적 질문에도 추천 응답이 가능하다. 이러한 기능은 단순 응답을 넘어서 고객 니즈를 선제적으로 파악하고 제안하는 '퍼스널 AI 어시스턴트'로 발전할 가능성을 보여준다.

아직 피트니스 업계에서 챗봇 도입이 활발하지 않은 이유 중 하나는 기술과 현장 사이의 인식 차이다. 많은 센터 운영자들은 '우리 고객층은 고령자도 많고, 직접 대화하는 걸 선호할 것이다', '운동 상담은 사람만이 할 수 있는 정서적 영역이니까 챗봇은 한계가 있다'라고 생각한다. 하지만 정작 챗봇이 다루는 문의는 전체 문의의 70~80% 이상이 구조화된 정보(시간표, 가격표, 수업 여부 등)로, 이는 감정적 교감보다는 정확성과 신속함이 더 중요한 항목이다. 다시 말해 챗봇은 트레이너의 역할을 대체하려는 것이 아니라, 트레이너와 고객이 더 가치 있는 대화를 나눌 수 있도록 불필요한 반복 업무를 줄여 주는 '운영 보조 시스템'이라는 점에서 필요성이 점점 커지고 있다.

또한 챗봇은 고객 데이터를 지속적으로 축적하고 분석할 수 있는 기반이 된다. 어떤 문의가 가장 자주 들어오는지, 특정 수업에 대한 관심도가 얼마나 높은지, 신규 고객과 기존 회원 중 누가 더 자주 문의하는지 등의 데이터를 통해 마케팅 전략과 운영 방식을 조정할 수 있다. 예를 들어 특정 수업의 시간표 변경 이후 문의량이 급증했다면, 고객 혼선을 줄이기 위한 추가 안내가 필요하다는 시사점을 얻을 수 있다. 이러한 정보는 센터 운영의 디지털 전환과 데이터 기반 의사 결정에 매우 중요한 역할을 하게 된다.

따라서 피트니스 센터는 이제 AI 챗봇 도입을 단순한 기술적 선택이 아닌, 운영 전략의 핵심 축으로 바라봐야 한다. 아직 챗봇이 일반화되지 않았다는 사실은 오히려 기회다. 지금 챗봇을 선제적으로 도입하고 운영 체계를 구축하는 센터는, 고객 응대의 품질과 속도에서 경쟁 센터 대비 명확한 우위를 점할 수 있으며, 고객에게 더 일관되고 만족도 높은 경험을 제공할 수 있다. 이는 곧 브랜드 충성도와 재등록률, 신규 유입률 증가로 이어지는 선순환 구조를 만들 수 있다는 뜻이다.

결론적으로 피트니스 산업은 아직 챗봇이라는 도구를 충분히 활용하지 않고 있다. 그러나 그 잠재력은 명확하다. 반복적인 문의 대응, 정보 전달, 야간 응대, 일관성 있는 커뮤니케이션, 데이터 기반 운영까지 이 모든 요소를 통합적으로 해결할 수 있는 AI 챗봇은, 이제 피트니스 운영의 필수 기반 기술로 진지하게 검토되어야 할 시점이다. 늦기 전에, 현명하게 도입하는 것이 미래 경쟁력의 분기점이 될 것이다.

피트니스 코칭의 새로운 동반자

피트니스 산업에서 고객 서비스 품질 향상을 위한 핵심 기술 중 하나로 부상하는 것이 바로 AI 기반 가상 트레이너 어시스턴트다. 이는 단순한 자동화 시스템을 넘어, 회원 개개인의 운동 여정을 섬세하게 동반하는 지능형 코칭 파트너로 진화하고 있으며, 트레이너의 업무 효율을 높이는 동시에 회원의 만족도와 재등록률을 끌어올리는 데 중요한 역할을 한다.

이 기술은 크게 두 가지 흐름에서 발전하고 있다. 하나는 AI 가상 비서가 운동 계획과 생활 관리를 도와주는 정서적 · 상시적 서비스고, 다른 하나는 AI가 트레이너의 코칭 업무를 데이터 기반으로 지원해 주는 자동화 시스템이다. 이 두 흐름은 서로 다른 목적을 가지지만, 결국 하나의 목표인 회원 경험의 극대화를 향해 유기적으로 연결된다.

먼저 AI 가상 어시스턴트는 운동 계획, 식단, 생활 습관 관리, 동기부여, 피드백 제공 등 다양한 영역에서 사람처럼 응답하는 시스템이다. 예를 들어 회원이 "단백질 셰이크는 언제 먹는 게 좋을까요?", "요즘 의욕이 안 나요"와 같은 말을 하면 AI는 상황에 맞는 공감과 조언을 실시간으로 제공한다. 이 과정에서 단순 텍스트 응답이 아닌, 회원의 최근 출석 정보, 운동 강도, 회복 상태 등을 종합적으로 분석한 답변이 제시되므로, 사용자 입장에서는 실제 트레이너와 대화한다고 느끼게 된다.

특히 "요즘 운동 의욕이 안 나요"라는 메시지에 "충분히 그럴 수 있어요. 오늘은 가벼운 스트레칭부터 시작해 보는 건 어떨까요?"라고 답변하는 것은 단순한 안내를 넘어 정서적 유대감을 형성하는 기술적 공감의 구현이다. 이러한 메시지는 비인격적인 센터 환경 속에서도 '나를 챙겨 주는 존재'가 있다는 경험을 제공하며, 회원 이탈을 예방하는 핵심 동력이 된다.

동시에 AI는 트레이너의 사후 피드백을 자동화하는 데도 큰 역할을 하고 있다. 개인 PT 수업 이후, 트레이너가 수기로 운동 내용을 정리하거나 피드백을 전달하는 것이 일반적이지만, AI 시스템은 그날의 운동 루틴, 세트 수, 중량, 회원의 상태 등을 기반으로 자동으로 정리된 운동 일지를 생성하고, "무릎이 불편하셨다면 내일은 하체 대신 상체 위주로 루틴을 구성해 볼게요" 같은 맞춤형 메시지를 자동 전송한다. 이 기능은 특히 시간이 부족한 트레이너의 피드백 품질을 일정 수준 이상으로 유지하게 해 주며, 상담 일관성을 강화해 준다.

이러한 AI 시스템의 대표적 활용 사례로는 주식회사 '스프린트'의 피트니스 관리 플랫폼이 있다. '스프린트'는 트레이너와 회원 간의 관계를 더 촘촘하게 연결하기 위해 AI를 적극 도입하고 있으며, 트레이너가 기록한 정보를 AI가 학습하여, 운동 목적, 건강 상태, 특이 사항에 따라 맞춤형 운동 지침을 자동으로 생성한다. 예컨대, '고관절 불편 있음'이라는 기록이 있다면 런지 대신 머신 기반 운동을 추천하는 식으로 트레이너에게 AI 기반 프롬프트를 제공하며, 실제 회원 상담과 수업이 더 세밀하게 이루어질 수 있도록 돕는다.

'스프린트'는 또한 운동 일지 자동화에 강점을 갖고 있다. 트레이너가 수업 도중 입력한 데이터는 회원 앱에 자동 반영되며, 회원은 그날 수행한 운동과 변화 추이를 시각적으로 확인할 수 있다. 이러한 일지에는 AI 분석 기반 목표 제안이 함께 담겨 있어, "지난 3주간 스쾃 중량이 10% 증가했습니다. 다음 주에는 5% 증가한 중량으로 도전해 보세요"와 같은 실제적인 진척 가이드라인도 포함된다. 이는 운동 목표를 회원 스스로 체감하게 하고, 훈련의 연속성과 동기부여를 강화하는 데 결정적이다.

이러한 시스템은 결국 트레이너와 AI가 각자의 영역에서 전문성을 발휘하는 하이브리드 코칭 구조를 만들어 낸다. AI는 반복적인 응답, 정량 데이터 기반 분석, 실시간 피드백 등을 담당하고, 트레이너는 그 데이터를 기반으로 고도화된 코칭, 인간적인 격려, 정서적 유대 형성 등 AI가 하기 어려운 정성적 코칭에 집중할 수 있다. 결과적으로 회원은 '기술로 정밀하게, 사람으로 따뜻하게' 케어받는 복합적 만족감을 경험하게 되며, 이는 재등록과 추천, 입소문으로 이어진다.

결론적으로 AI 가상 트레이너 어시스턴트는 단순한 '정보 제공 도구'를 넘어 회원의 삶과 센터의 서비스가 지속해서 연결되는 디지털 동반자로 작동하고 있다. 이는 회원에게는 '나를 알아주는 피트니스', 트레이너에게는 '잊지 않고 관리해 주는 보조 파트너', 센터에게는 '이탈률을 낮추고 충성도를 높이는 운영 인프라'로 작용하는 구조다. 향후 피트니스 산업의 핵심 경쟁력은 '좋은 기구'나 '화려한 시설'이 아니라, 얼마나 개인에게 집중하고 있는가, 얼마나 지속적으로 소통하고 있는가가 될 것이다. 그런 점에서 AI 기반 가상 어시스턴트는 기술을 통해 인간적인 피트니스 경험을 실현하는 새로운 표준이

되어 가고 있다.

참고문헌

박다윤(2024.4.22). "강남구, AI기반 헬스기구 갖춘 '스마트 피트니스센터' 조성". 조선일보. https://www.chosun.com/special/special_section/2024/04/22/FXA56OAEDJERFKYPJOEYHO2XYM/

송유진 외(2019). "쇼핑 챗봇에 대한 소비자 반응 연구: 에이전트와 메시지 유형 효과를 중심으로". 《한국 HCI학회 논문지》, 14(2), 71~81쪽.

최순식(2021). "인공지능을 활용한 플랫폼 비즈니스 활성화 방안에 관한 연구". 《e-비즈니스연구》, 22(5), 133~150쪽.

현영근 외(2020). "사용자 친화적인 대화형 챗봇 구축을 위한 개발방법론에 관한 연구". 《디지털융복합연구》, 18(11), 215~226쪽.

06
AI와 피트니스 마케팅

AI는 이제 피트니스 센터의 콘텐츠 기획부터 제작, 배포, 분석까지 전 과정을 아우르는 전략적 마케터로 진화하고 있다. 기존에는 한정된 인력으로 감당해야 했던 마케팅 업무를 자동화하면서도, 오히려 더 정교하고 개인화된 콘텐츠를 만들어 내는 경쟁력을 제공하고 있다. 결국 마케팅의 성패는 인력이 얼마나 있느냐가 아니라, AI를 얼마나 창의적이고 전략적으로 활용하느냐에 달려 있는 시대가 되었다.

AI와 민주주의?

AI, 피트니스 센터의 새로운 마케터

피트니스 산업에서 콘텐츠 마케팅의 중요성은 날로 커지고 있으며, 그 중심에는 AI 기반 콘텐츠 작성 자동화 기술이 자리한다. 예전에는 블로그에 운동 팁을 정리하거나 식단 정보를 게시하려면, 담당자가 수 시간에 걸쳐 자료를 수집하고 원고를 작성해야 했다. 하지만 이제는 자연어 생성 AI의 도입으로, 이러한 과정이 획기적으로 간소화되었다. 특히 지피티(GPT) 계열의 AI 모델은 운동 지식, 영양 정보, 행동 변화 이론 등 다양한 주제에 대한 콘텐츠 초안을 신속하게 생성해 줌으로써, 피트니스 센터의 콘텐츠 생산성을 극대화하고 있다.

이러한 AI 기반 콘텐츠 자동화는 단순히 글을 빠르게 써 주는 것을 넘어서, 전략적 콘텐츠 마케팅을 가능하게 하는 기반 기술로 작동한다. 예를 들어 사용자가 "헬스 초보자를 위한 하체 운동 루틴 블로그 글을 써 줘"라고 입력하면, AI는 서론-본론-결론 구조의 논리적 글을 자동 생성한다. 특히 '패스터(PASTOR)', '파소나(PASONA)', '아이다(AIDA)'와 같은 심리 기반 행동 변화 모델을 활용하면, AI는 글을 단순히 설명형으로 끝내지 않고 독자의 행동을 유도하는 구조로 설계한다. 예컨대 "하체 비만이 고민이라면 이런 루틴을 따라 해 보세요 →

이 운동이 왜 효과적인가 → 지금 바로 시도해 보세요"와 같이 동기부여와 행동 유도를 결합한 콘텐츠 제작이 가능하다.

또 AI는 문체나 어조를 상황에 맞게 조절할 수 있다. 전문적인 운동 생리학 용어로 논문 스타일의 글을 쓰는 것도 가능하고, 반대로 누구나 이해하기 쉬운 일상 언어로 블로그, 뉴스레터, 소셜 네트워크 서비스(SNS) 게시글을 작성하는 것도 가능하다. 이런 기능 덕분에 운동 초보부터 전문가까지 모두에게 통하는 콘텐츠를 다각도로 기획할 수 있으며, 하나의 콘텐츠를 여러 형태로 변환해 여러 채널에 맞게 재활용하는 '멀티 포맷 전략'도 손쉽게 구현된다.

실제 운영 사례로, 피트니스 센터에서는 AI를 통해 정기적으로 블로그 콘텐츠를 발행하고 있다. 월별 이슈(예: 여름 다이어트 시즌, 명절 이후 체중 관리), 회원 문의가 많았던 주제(예: 유산소 운동과 근력 운동의 순서), 특정 트레이너의 전문성을 살린 콘텐츠(예: 교정 운동 전문가의 자세 팁) 등 주제를 설정하고, AI에게 초안을 요청하면 5분 내에 기획-작성-표제어 추천까지 완료된다. 그 후 사람의 손을 거쳐 다듬으면 짧은 시간 내에 고품질 콘텐츠가 완성된다.

이처럼 AI가 뼈대를 잡아 주고, 사람이 감성과 맥락을 보강하는 협업 구조는 마케팅 팀이 없는 소규모 피트니스 센터에 매우 유리하다. 과거에는 콘텐츠 하나를 만들기 위해 직원 한 명이 하루의 절반 이상을 할애해야 했지만, 이제는 하루에 2~3개의 콘텐츠를 AI와 협업하여 생산할 수 있으며, 이는 검색 유입, 브랜드 신뢰, 고객 전환율에도 긍정적인 영향을 끼친다.

더불어 콘텐츠의 시각적 완성도와 영상 활용도 역시 AI 기술의 진보 덕분에 큰 전환점을 맞이하고 있다. 인스타그램 릴스, 유튜브 쇼츠와 같은 쇼트폼 콘텐츠는 이제 피트니스 마케팅의 핵심 도구다. 짧지만 임팩트 있는 영상을 만들기 위해 과거에는 촬영부터 편집, 더빙, 자막 처리까지 많은 시간이 필요했지만, AI 영상 도구의 등장으로 이러한 작업의 상당 부분이 자동화되었다.

대표적인 예로 '타입캐스트(Typecast)' 같은 AI 음성 합성 툴은 한국어 성우급 내레이션을 생성해 준다. 트레이너가 카메라 앞에 서지 않아도 운동 설명이 담긴 자연스러운 음성이 생성되며, 음성에 맞춰 영상 컷을 자동으로 조정하는 기능도 제공된다. '브루(Vrew)'는 영상 속 말소리를 자동으로 인식해 자막을 생성하고, 컷 편집, 텍스트 효과 삽입 등의 기능을 제공하여 영상 퀄리티를 빠르게 높여 준다.

예를 들어 '스쿼 잘하는 법'이라는 주제로 릴스를 제작하고자 할 때, AI에게 "스쿼 운동 릴스 영상 구성 짜 줘"라고 입력하면 '인트로-올바른 자세 설명-흔한 실수 -정리 멘트'로 구성된 시나리오가 제공되고, 추천 해시태그와 섬네일 문구까지 함께 제안된다. 이러한 아이디어 지원 기능은 콘텐츠 기획에 소모되는 에너지를 크게 줄여 주며, 영상의 조회 수와 참여율을 끌어올리는 데도 직접적인 영향을 미친다.

무엇보다 강력한 점은, 이 모든 과정이 시설 맞춤형 커스터마이징이 가능하다는 것이다. AI는 특정 피트니스 센터가 가진 브랜드 톤, 주요 고객군(예: 3040 여성 직장인, 재활 중심 고객 등), 트레이너의 코칭 스타일, 보유 장비, 진행 프로그램 등의 정보를 미리 학습할 수 있다. 이렇게 학습된 AI는 일반적인 콘텐츠가 아닌 '그 센터만의 콘텐츠'를 자동으로 생산하는 개인화된 콘텐츠 엔진으로 발전하게 된다.

예컨대 '짐구공'을 위한 콘텐츠를 만들기 위해, AI에 그들의 주요 트레이닝 방식, 고객 니즈, 과거 인기 콘텐츠 패턴 등을 입력하면, AI는 "이번 달에는 코어 강화 루틴 시리즈를 릴스와 블로그로 병행해 보세요. 제목은 '출근 전 10분, 아침 코어 각성 루틴'이 좋습니다. 영상은 여성 고객을 겨냥해 부드러운 톤의 내레이션과 간단한 집기구를 활용한 구성으로 제작하세요"라는 식의 기획+작성+편집+배포 전략을 통합 제안할 수 있게 되는 것이다.

결론적으로 콘텐츠 작성 자동화는 단순히 글을 빠르게 만드는 것을 넘어, 피트니스 센터의 마케팅 전략 자체를 구조화하고 체계화하는 기술이다. AI는 글쓰기와 영상 편집을 도와주는 비서일 뿐만 아니라, 콘텐츠 전략가이자 아이디어 파트너로 기능하며, 트렌드 분석, 행동 유도 전략, 채널별 최적화 콘텐츠까지 아우를 수 있다. 이러한 기술의 도입은 더 이상 선택이 아니라 생존 전략이며, 특히 인력과 예산이 제한된 중소형 피트니스 센터에게는 혁신적 기회가 될 것이다.

따라서 앞으로 피트니스 산업의 마케팅 경쟁력은 '누가 더 많은 마케팅 인력을 보유했는가'보다, '누가 더 똑똑하게 AI를 활용했는가'에 따라 결정될 것이다. AI가 만드는 콘텐츠는 빠르고, 정교하며, 감정까지 담을 수 있는 시대에 접어들었으며, 이러한 도구를 적극적으로 도입하는 센터만이 소비자의 선택을 받을 수 있을 것이다. AI는 이제 콘텐츠 제작의 조력자를 넘어, 브랜드 메시지를 설계하고 전달하는 핵심 엔진으로 자리 잡고 있다.

AI가 만드는 피트니스 브랜드의 새로운 언어

디지털 피트니스 마케팅 시대에서 AI는 단순한 도구를 넘어, 이미지 디자인부터 콘텐츠 타기팅까지 전방위적인 크리에이티브 파트너로 기능한다. 특히 이미지 생성, 비주얼 콘텐츠 디자인, 회원 개인화 마케팅 분야에서 AI는 이미 현장의 많은 한계를 혁신적으로 해결하고 있다.

먼저 이미지 생성과 디자인 측면을 살펴보자. 피트니스 마케팅에서 가장 중요한 요소 중 하나는 '시선을 끄는 시각 자료'다. 강렬한 운동 장면, 건강하고 역동적인 분위기, 브랜드 정체성을 반영한 컬러와 스타일이 조화를 이루어야 하며, 이는 과거에는 전문 디자이너와 촬영 팀이 있어야만 가능한 작업이었다. 그러나 AI 이미지 생성 도구의 등장으로 이 장벽이 크게 낮아졌다.

예를 들어 '미드저니(Midjourney)', '달리(DALL · E)', '파이어플라이(Firefly)' 같은 텍스트 기반 이미지 생성 AI 모델에 '피트니스 센터에서 스쾃을 하는 여성의 미래 지향적 스타일의 실루엣'이라는 프롬프트를 입력하면, 몇 초 만에 유니크한 이미지를 생성해 준다. 이 이미지는 기존의 스톡 이미지와는 전혀 다른 창의성과 몰입감을 제공하며, 무엇보다 저작권 걱정 없이 사용할 수 있다는 점에서 콘텐츠 제작에 유리하다. 단순히 미학적으로 좋은 이미지를 넘어, 센터 고유의 콘셉트와 감성을 담은 '브랜드 비주얼'을 손쉽게 구현할 수 있게 된 것이다.

실제로 많은 피트니스 센터들이 AI 생성 이미지를 포스터, 웹 배너, SNS 카드 뉴스, 영상 섬네일 등에 적극 활용하고 있다. '미드저니'를 활용해 프로그램 오픈 홍보물의 배경 이미지를 구성하거나, '달리'를 통해 특색 있는 피트니스 공간 렌더링 이미지를 제작하여 센터 인스타그램을 꾸미는 사례도 늘고 있다. 무엇보다 이 과정에서 외주 디자이너 없이도 센터 내부 인력이 직접 디자인을 실험하고 수정해 가며 콘텐츠를 제작할 수 있다는 자율성이 커진 것이 큰 장점이다.

더불어 '캔바(Canva)', '어도비 익스프레스(Adobe Express)', '피그마(Figma)'와 같은 웹 기반 디자인 플랫폼들에도 AI 기능이 본격 도입되면서, 피트니스 센터 운영자나 트레이너도 몇 번의 클릭만으로 감각적인 마케팅 이미지를 만들 수 있게 되었다. 예컨대 '캔바'의 AI는 사용자의 업로드 이미지를 기반으로 자동 배경 제거, 색상 조화 추천, 텍스트 위치 최적화까지 지원하며, 사전에 저장된 브랜드 폰트와 색상을 불러와 일관된 브랜딩도 가능하게 해 준다.

이러한 비주얼 제작의 자동화는 일회성 홍보물이 아

니라, 연속성과 시리즈성이 필요한 디지털 채널에서 더욱 빛을 발한다. 예를 들어 '헬스 초보 시리즈', '여름 다이어트 챌린지', '부위별 홈트 팁' 같은 블로그나 SNS 시리즈를 구성할 때, 섬네일 디자인이나 카드 뉴스 형식 콘텐츠의 패턴화를 통해 전체 브랜드의 전문성과 통일성을 전달할 수 있다. 이때 AI 디자인은 효율성과 창의성을 동시에 만족하는 도구로 작동한다.

다음으로 주목할 부분은 개인화 마케팅 콘텐츠의 자동 생성 및 타기팅 최적화다. AI는 이제 단순히 콘텐츠를 만들어 주는 것을 넘어, '누구에게 어떤 콘텐츠를 보여줄 것인가'를 결정하는 전략 수립의 주체가 되고 있다. 예컨대 인스타그램, 페이스북 광고 플랫폼은 광고 노출 대상의 클릭률, 체류 시간, 반응 이력 등을 실시간으로 분석하여 가장 반응 가능성이 높은 사용자에게 자동으로 광고를 노출한다.

하지만 이 같은 개인화는 광고 플랫폼 외에도, 피트니스 센터 자체 시스템에서도 가능하다. 특히 이메일 뉴스레터나 문자 마케팅에 AI를 적용하면, 회원별 관심사와 행동 데이터를 기반으로 콘텐츠 제목, 본문, 행동 유도 문구(CTA)를 각각 조정하여 발송할 수 있다. 예를 들어 다이어트에 관심 있는 회원에게는 '지방 연소를 위한 3

분 루틴'이라는 제목과 함께 식단 정보와 고강도 인터벌 트레이닝 콘텐츠를 포함하고, 근육 강화에 관심 있는 회원에게는 '중량 운동의 최적 주기는?'이라는 제목과 함께 볼륨 중심 콘텐츠를 구성하는 식이다.

이러한 AI 기반 이메일 마케팅 자동화 툴은 열람률, 클릭률, 전환율을 모두 실시간으로 분석하고, 반복 발송에서 성과가 낮은 콘텐츠는 자동으로 버킷(A/B) 테스트를 통해 구조를 개선해 준다. AI가 타깃 그룹의 반응 패턴을 학습하여 지속적으로 '어떤 메시지가 효과가 있는가'를 최적화해 주는 것이다.

한 걸음 더 나아가, 특정 피트니스 센터의 데이터와 운영 방식, 고객 프로필을 AI에 커스터마이징하면, 극도로 개인화된 마케팅 콘텐츠를 일괄적으로 자동 생성하는 시스템도 구축할 수 있다. 예컨대 센터 운영자 AI가 '40대 여성 신규 회원, 지난 3주간 출석률 80%, 요가 프로그램 반응 높음'이라는 프로필을 바탕으로 "다음 요가 세션 놓치지 마세요—맞춤 동작과 유연성 강화를 위한 집중 프로그램이 준비되어 있습니다"와 같은 메시지를 자동 생성해 주는 방식이다.

이러한 시스템은 스케일링과 지속 가능성을 동시에 만족시킨다. 마케팅 인력 한 명 없이도 수백 명의 회원에게 각기 다른 개인화 메시지를 전달할 수 있으며, 이러한 경험이 누적되면 고객은 마치 '이 센터는 나만을 위한 서비스를 제공한다'는 신뢰감을 갖게 된다. 이는 이탈 방지, 재등록 유도, 장기 회원 전환율 향상 등 모든 핵심 성과 지표(KPI)에 긍정적인 영향을 준다.

결론적으로 이미지 생성과 디자인 자동화, 개인화 콘텐츠 최적화는 AI 기술이 피트니스 마케팅 전반에 미치는 가장 직접적인 변화 중 하나다. 이 기술은 피트니스 센터 운영자에게 디자이너와 콘텐츠 전략가의 역할을 동시에 수행할 수 있는 도구를 제공하며, 작은 리소스로도 큰 마케팅 성과를 낼 수 있도록 해 준다. 특히 브랜딩 일관성, 창의적인 캠페인 기획, 고객 맞춤형 커뮤니케이션을 동시에 달성하고자 하는 센터에게 AI는 더 이상 보조 수단이 아니라 필수 성장 파트너가 되고 있다.

앞으로 피트니스 산업에서 살아남는 브랜드는 기구나 인테리어가 멋진 곳이 아니라, 고객과 끊임없이 스마트하게 소통하는 브랜드가 될 것이다. AI는 그 소통을 가능하게 하는 언어이자, 그 대화를 설계하는 가장 강력한 엔진이다.

AI 기반 트렌드 분석, 피트니스 콘텐츠

AI를 활용한 소셜 미디어 트렌드 분석과 콘텐츠 전략 수립은 이제 피트니스 산업의 마케팅에서 선택이 아닌 필수 전략이다. 디지털 환경에서 고객의 관심은 빠르게 변하며, 트렌드는 하루 만에 바뀌고 사라진다. 이러한 변화의 속도 속에서, 누가 먼저 '지금 가장 반응이 좋은 콘텐츠'를 파악하고 실행하느냐가 마케팅 성과를 좌우한다. 그리고 이 분석과 실행의 핵심 도구가 바로 AI다.

AI는 방대한 양의 소셜 데이터를 실시간으로 수집하고 분석함으로써, 인간이 놓치기 쉬운 패턴과 키워드를 정확하게 추출해 낸다. 예를 들어 인스타그램, 틱톡, 유튜브 등의 플랫폼에서 어떤 피트니스 콘텐츠가 주목을 받고 있는지 파악하기 위해, AI는 수천만 개의 게시물 속에서 해시태그 빈도, 조회 수 상승률, 댓글 감성, 사용자 반응 패턴 등을 자동 분석할 수 있다. 특정 시기에 '#플랭크챌린지'가 급상승하고, 관련 영상들의 조회 수와 공유 수치가 폭발적으로 늘어났다면, 이는 피트니스 센터들이 즉각 대응해야 할 마케팅 기회가 된다.

실제로 최근 한 AI 기반 마케팅 설루션은 한 주간 인스타그램에서 급상승한 운동 해시태그 TOP10을 시각화한 리포트를 제공했는데, 여기서 '플랭크 챌린지', '전신 운동 루틴', '하체 불태우기' 등의 키워드가 두드러졌다. 이를 빠르게 감지한 센터들은 '센터 버전 플랭크 챌린지', '트레이너와 함께하는 하체 극복 루틴' 같은 콘텐츠를 기획하고, 릴스 영상이나 챌린지 참여 이벤트를 연달아 올리며 SNS 내에서 높은 참여율을 얻었다. 이처럼 AI는 단순한 분석이 아니라 실질적인 콘텐츠 기획의 영감을 주는 데이터 엔진으로 활용된다.

이뿐만 아니라 AI는 경쟁 센터들의 콘텐츠도 분석할 수 있다. 특정 지역 내 주요 헬스장의 계정이나 유튜브 채널, 블로그 콘텐츠를 크롤링하여, 어떤 유형의 콘텐츠(예: 챌린지, 운동 팁, 회원 인터뷰, 시설 소개)가 가장 높은 반응을 이끌어 냈는지를 평가하고 벤치마킹할 수 있다. 예컨대 A센터가 '퇴근 후 10분 스트레칭 루틴'으로 릴스 조회 수 5만을 기록했다면, 이를 기반으로 유사한 콘셉트를 우리 센터에 맞게 기획하거나, 이를 변형한 '아침 10분 루틴' 같은 콘텐츠로 확장하는 방식이 가능하다.

이러한 트렌드 분석과 콘텐츠 기획은 메타라이브러리 기반의 광고물 분석 도구와 함께할 때 더욱 효과적이다. 메타라이브러리는 각 산업군에서 실제로 사용된 광고 문구, 디자인 포맷, 시티에이(CTA, Call to Action) 문장 등을 AI가 분류하고 저장한 데이터베이스로, 이를 활용하면 경쟁사의 마케팅 언어와 톤 앤 매너까지 파악할 수 있다. 예를 들어 '피트니스 등록률이 높은 광고 문구'나 '3초 이내 클릭을 유도하는 영상 섬네일 구성' 등을 추출해 비슷한 유형의 콘텐츠를 기획하는 것이 가능해진다.

또한 AI는 시의성과 확장성을 동시에 고려한 콘텐츠 전략 수립에도 기여한다. 트렌드 분석 AI는 단기적으로 지금 핫한 주제를 제공하는 동시에, 그 흐름이 일시적 유행인지 지속 가능한 관심 분야인지도 평가할 수 있다. 예컨대 '플랭크 챌린지'가 갑작스레 떴지만 단기 트렌드에 그친 반면, '홈트레이닝 루틴'은 팬데믹 이후 지속적으로 높은 관심을 받는 키워드로 분류될 수 있다. 이러한 분석은 콘텐츠 기획 시 '시의성 콘텐츠'와 '지속형 콘텐츠'를 병행하는 전략 설계에 핵심적인 기준이 된다.

더불어 AI는 단순히 콘텐츠 소재를 추천하는 데 그치지 않고, 각 콘텐츠의 퍼포먼스를 예측하기도 한다. 콘텐츠 기획 단계에서 "이 콘텐츠가 릴스에 적합한가, 블로그용으로 좋은가?", "조회 수 상승이 기대되는가, 저조할 가능성이 높은가?" 등의 사전 시뮬레이션도 가능하다. 실제 일부 고도화된 AI 마케팅 툴은 과거 유사 콘텐츠의 반응 데이터를 학습하여, 새롭게 작성한 콘텐츠 기획안의 예상 반응을 '높음-중간-낮음' 등으로 예측해 주는 기능도 제공하고 있다.

이런 고급 분석이 가능한 이유는 AI가 단순히 키워드 빈도만 보는 것이 아니라, 콘텐츠 안의 문장 구조, 시각 요소의 스타일, 영상의 편집 리듬, 음악의 감성 톤 등까지 다층적으로 분석하기 때문이다. 이로 인해 피트니스 센터는 '운 좋게 히트한 콘텐츠'가 아니라 '계획적으로 히트할 콘텐츠'를 만들어 낼 수 있게 된다.

결론적으로 AI를 활용한 소셜 미디어 트렌드 분석은 피트니스 센터의 마케팅 전략을 선제적이고 과학적으로 만들 수 있는 강력한 무기다. 더 이상 콘텐츠 기획은 감에 의존한 작업이 아니며, 데이터를 기반으로 한 정교한 의사 결정으로 진화하고 있다. AI는 "무엇을 만들까?"라는 질문에 트렌드를 통해 답하고, "어떻게 만들까?"에 광고 분석과 추천으로 응답하며, "누구에게 보여 줄까?"에 개인화된 타기팅으로 마무리하는 완결형 콘텐츠 전략 파트너로 자리매김하고 있다.

피트니스 센터가 AI 기반 트렌드 분석을 도입한다는 것은 단순히 새로운 도구를 쓰는 것이 아니라, 시장의 맥박을 읽고 고객과 실시간으로 호흡하는 센터가 된다는 것이다. 이는 곧 차별화된 브랜드가 되고, 트렌드 중심에서 트렌드를 이끄는 존재로 나아가는 지름길이 될 것이다.

참고문헌

윤수정 외(2022). "AI 기반 피트니스 서비스에서 사용자 여정에 대한 디자인 제언: 사용자 경험과 디자인 기회 영역을 중심으로". 《한국 HCI학회 학술대회》, 264~271쪽.

지동철 · 김상호(2021). "신문 빅데이터와 키워드 분석을 이용한 홈트레이닝 트렌드 분석". 《한국융합학회논문지》, 12(6), 233~239쪽.

차영란(2018). "광고 및 미디어 산업 분야의 인공지능 (AI) 활용 전략: 심층인터뷰를 중심으로". 《한국콘텐츠학회논문지》, 18(9), 102~115쪽.

Kedi, W. E. et al.(2024). AI software for personalized marketing automation in SMEs: Enhancing customer experience and sales. *World Journal of Advanced Research and Reviews, 23*(1), pp.1981~1990.

07
AI와 헬스케어의 융합

AI는 피트니스 센터의 식단 분석과 웰니스 관리 영역에서도 강력한 동반자로 떠오르고 있다. 정확한 식사 인식, 수면 패턴 분석, 스트레스 예측 등 AI의 정밀한 피드백은 운동 외적인 요소까지 통합 관리함으로써 전체적인 건강 효과를 극대화한다. 결국 AI는 단순한 트레이닝 보조를 넘어, 몸과 마음을 함께 설계하는 '토털 피트니스 설계자'로 발전하고 있다.

AI와 애니메이션?

AI 식단 분석, 피트니스 효과를 극대화

현대 피트니스 산업의 진정한 경쟁력은 단순히 잘 짜인 운동 프로그램만으로는 완성되지 않는다. 오히려 개인의 전반적인 건강과 웰빙을 얼마나 깊이 있고 지속적으로 관리할 수 있느냐가 핵심이며, 이러한 통합적 접근은 곧 '토털 헬스케어 설루션'의 실현으로 이어진다. 이제 피트니스 센터는 더 이상 운동만 가르치는 공간이 아니라, 영양, 수면, 스트레스, 생활 습관 전반을 함께 설계하고 동행하는 공간이 되어야 하며, 그 중심에 AI가 자리잡고 있다.

이 중에서도 특히 식단 관리는 운동과 함께 체형 변화와 건강에 직접적인 영향을 미치는 요소임에도, 실천의 장벽이 매우 높은 영역이다. 칼로리를 일일이 계산하거나 영양소 균형을 맞추는 것은 전문 지식이 부족한 일반인에게는 어려운 일이기 때문이다. 하지만 AI의 등장은 이러한 복잡한 식단 관리를 보다 직관적이고 지속 가능하게 만들어 주고 있다.

대표적인 예가 바로 AI 기반의 음식 이미지 분석 기능이다. 사용자가 음식 사진을 스마트폰으로 촬영해 업로드하면, AI가 이를 자동으로 인식하여 음식의 종류, 조리법, 구성 등을 파악하고, 해당 식사의 칼로리 및 탄수화물 · 단백질 · 지방 등의 비율을 분석해 준다. 예컨대 사진 속에 된장찌개, 흰쌀밥, 불고기, 나물이 있다면, AI는 이 식단의 총 열량과 구성 비율을 계산한 후 "탄수화물 비중이 다소 높습니다. 저녁은 단백질 위주로 식사해 보세요"라는 맞춤형 피드백을 제공한다. 이는 단순한 계산이 아니라 실제 식사의 형태와 질감, 배치까지 인식하여 정밀하게 분석해 주는 것으로, 딥러닝 기술의 발달과 함께 정확도가 날로 향상되고 있다.

AI의 강점은 여기에 그치지 않는다. 단기 분석을 넘어 장기적인 식습관 모니터링 기능을 제공함으로써, 반복적인 패턴 속에서 개선점을 도출하고 맞춤형 설루션을 제공하는 데 탁월하다. 예를 들어 "월요일과 수요일에 야식 빈도가 높고, 오후 10시 이후 섭취가 전체 칼로리의 30%를 차지합니다"라는 데이터 기반 인사이트를 제공하거나, "금요일마다 탄수화물 섭취가 급증하고 있습니다. 스트레스에 따른 보상 섭취 가능성이 있습니다"와 같은 정서적 연계 분석도 가능하다. 이는 사람이 일일이 관찰하지 않아도, AI가 축적된 데이터를 학습하여 행동 심리까지 파악할 수 있다는 점에서 혁신적이다.

이러한 기능은 더욱 고도화된 개인화로 이어지고 있다. 최근에는 유전자 검사, 혈액 검사 결과 등 생체 데이터를 바탕으로 식단을 추천하는 초개인화 식단 분석 서비스도 속속 등장하고 있다. 예컨대 탄수화물 대사 능력이 낮은 유전적 특성이 있다면 저탄수화물 고지방 식단을, 포화 지방을 잘 대사하는 체질이라면 고단백 고지방 식단을 권장하는 방식이다. AI는 이처럼 유전 정보와 식이 반응을 스스로 연계하여 최적의 식단 가이드를 설계하며, 실제 국내에서도 '라포'나 '스프린트'와 같은 AI 식단 관리 앱들이 이러한 서비스를 대중적으로 제공하고 있다.

또한 식사 시간과 빈도, 물 섭취량, 카페인 섭취, 간식 시점 등을 AI가 장기적으로 분석하면 시간 기반 식사 전략까지 제시할 수 있다. 예를 들어 "아침은 충분하지만 점심이 소량이고, 오후 간식에서 칼로리 폭증이 발생합니다. 점심을 보강해 저녁 폭식을 줄여 보세요"와 같은 시간 · 패턴 중심의 제안은 단순한 열량 조언보다 훨씬 설득력 있게 다가온다. 실제 생활 습관을 반영한 설루션이기 때문에, 행동 변화로 이어질 가능성도 더 크다.

결론적으로 AI는 식단이라는 복잡하고 개인차가 큰 영역에서 정밀하면서도 실현 가능한 관리 설루션을 제공함으로써 피트니스의 효과를 극대화하고 있다. 사용자는 복잡한 영양 지식 없이도 스마트폰 카메라로 식사를 기록하고, 자신의 건강 상태와 운동량에 맞는 조언을 즉각 받을 수 있으며, 트레이너는 이러한 AI 분석 결과를 바탕으로 보다 전문적이고 차별화된 코칭을 수행할 수 있게 된다. 앞으로 AI 식단 관리 기술은 더욱 고도화되어, 개인의 유전, 건강 데이터, 생활 패턴까지 통합 분석한 '토털 웰빙 내비게이터'로 자리매김할 것이며, 이는 곧 현대 피트니스 센터가 단순한 운동 공간이 아닌 데이터 기반의 건강관리 허브로 발전하게 되는 주요 동력이 될 것이다.

AI가 완성하는 웰니스 피트니스

현대 피트니스는 이제 단순히 근육을 키우고 체지방을 줄이는 것만으로는 충분하지 않다. 진정한 성과는 운동과 회복의 균형, 다시 말해 '잘 쉬는 것'에서 비롯된다. 이때 핵심 회복 요소인 수면과 정신적 안정, 즉 스트레스 관리가 점점 더 중요해지고 있으며, 이러한 요소를 과학적이고 체계적으로 관리하는 데 AI는 매우 강력한 파트너다.

먼저 수면 관리에서의 AI 활용은 회복 중심 피트니스 전략의 본질을 잘 보여 주는 영역이다. 현대인들은 수면 부족이나 질 낮은 수면으로 인한 만성피로를 호소하는 경우가 많다. 특히 수면의 질은 피로 회복, 호르몬 분비, 근육 합성, 면역력 유지 등과 직결되기 때문에 운동 효과를 극대화하려면 반드시 관리가 필요하다. 하지만 수면은 개인의 주관적 느낌에 의존하기 쉽고, 정확한 데이터 없이 개선하기 어렵다.

이때 웨어러블 기기와 AI가 결합하면 수면 패턴을 정밀하게 측정하고 개선 방안을 제시하는 '수면 코치'로 기능할 수 있다. 예를 들어 스마트워치나 피트니스 밴드가 사용자의 심박수, 움직임, 체온, 산소 포화도 등의 생체 데이터를 수집하고, AI는 이를 바탕으로 수면 단계(얕은 잠, 깊은 잠, 렘 수면 등)를 분류하여 구체적인 피드백을 제공한다. 사용자는 아침에 눈을 떴을 때 앱을 통해 "수면 점수 80점: 양호 – 깊은 수면이 늘었습니다" 또는 "60점: 부족 – 수면 주기의 변화가 잦았습니다. 취침 전 스마트폰 사용을 줄여 보세요"와 같은 보고를 받을 수 있다. 이 단순한 수치화는 사용자가 자신의 수면 상태를 직관적으로 이해하고, 개선 의지를 가질 수 있게 만드는 중요한 요소다.

AI는 여기서 더 나아가 수면 사이클 기반의 알람 기능도 제공한다. 단순한 시계 알람과 달리, AI는 수면 패턴을 실시간 분석하여 가장 깨어나기 적절한 순간, 즉 깊은 수면이 아닌 얕은 수면 구간에서 알람을 울린다. 이로 인해 '알람에 억지로 깨서 하루가 피곤하게 시작되는' 상황을 줄일 수 있으며, 자연스러운 기상으로 하루의 컨디션을 끌어올리는 데 도움이 된다. 이는 결국 운동 퍼포먼스 향상, 회복 효율 증가, 생활 리듬의 안정이라는 연결 고리로 이어진다.

이러한 AI 수면 코칭 시스템은 단순한 조언을 넘어서, 사용자의 습관을 바꾸는 설계자 역할을 수행하기도 한다. 예컨대 밤 11시가 넘었을 때 AI가 "이제 취침 준비를 시작해 보세요. 오늘 하루 충분히 활동하셨습니다"라는 알림을 보내면, 사용자는 자연스럽게 하루를 마무리하고 다음 날을 준비하는 심리적 전환을 경험하게 된다. 이처럼 피트니스에서 수면은 하나의 독립된 훈련 프로그램처럼 다뤄질 수 있으며, AI는 그 훈련의 코치로 자리 잡고 있다.

한편 스트레스 관리 또한 피트니스와의 연결 고리를 간과해서는 안 되는 분야다. 만성적인 스트레스는 코티솔 수치를 높여 근육 합성을 방해하고, 면역력을 저하시킬 뿐 아니라, 운동 동기와 식습관에도 악영향을 준다. 이러한 스트레스 수준을 정확하게 파악하고 적절한 시점에 개입하는 것은 과거에는 심리 상담사의 몫이었지만, 이제 AI가 그 역할을 상당 부분 대신할 수 있다.

대표적인 방법은 웨어러블 기기에서 측정되는 생체 신호를 활용한 AI 분석이다. 예를 들어 심박 변이도는 스트레스 상태를 가늠할 수 있는 민감한 지표로 알려져 있다. AI는 이와 함께 피부 전도도, 체온 변화, 호흡 패턴 등의 데이터를 종합 분석하여 사용자의 스트레스 레벨을 실시간으로 평가한다. 그리고 일정 수치 이상으로 높아질 경우, AI는 즉각적으로 "5분간 호흡 이완 연습을 해 보세요" 또는 "간단한 명상으로 마음을 진정해 보세요"와 같은 피드백을 제공한다.

이러한 AI 기반 멘탈 코칭은 감정적 피로 누적을 방지하고, 일상 속 짧은 회복 루틴을 유도하는 데 효과적이다. 실제로 어떤 헬스케어 앱은 오후 3시경 스트레스 수치가 치솟는 사용자의 패턴을 학습하고, 그 시간대마다 "15분간 가볍게 산책을 해 보세요", "심호흡 5회를 같이 해 볼까요?"와 같은 메시지를 제공하며 사용자의 루틴을 개선하는 데 기여하고 있다.

AI는 단순한 숫자 기반 진단을 넘어서, 점차 정서적 응대 능력을 갖춘 존재로 진화하고 있다. 사용자가 "요즘 너무 지쳤어요"라는 메시지를 남기면, AI가 "충분히 지칠 수 있는 하루였어요. 지금은 휴식이 필요합니다. 짧게 눈을 감고 호흡을 가다듬어 보세요"라고 응답하는 형태다. 이는 단순한 자동 응답 이상의 정서적 연결감을 제공하며, AI가 운동만이 아니라 마음의 코치 역할도 수행할 수 있다는 것을 보여 준다.

심지어 일부 챗봇은 사용자의 대화 내용에서 우울감, 무기력, 불안 등의 정서적 징후를 탐지하고, 전문 상담 리소스를 연결하거나 안전망 역할까지 수행하고 있다. 이러한 기능이 피트니스 앱과 결합되면, 사용자는 운동이라는 물리적 건강관리와 더불어 정서적 지지를 동시에 받을 수 있으며, 이는 보다 전체적이고 균형 잡힌 웰니스 경험을 형성하게 된다.

결론적으로 AI는 수면과 스트레스라는 피트니스의 '보이지 않는 축'을 가시화하고, 실질적인 변화로 이끌어 내는 데 결정적인 역할을 하고 있다. 사용자 입장에서는 AI가 제시하는 작은 제안들—하루 수면 리포트, 호흡 유도 알림, 정서적 응답—이 모여 자기 인식과 행동 변화의 계기를 만들고, 트레이너나 센터 입장에서는 회원의 컨디션과 회복 상태를 더 정확히 파악해 적절한 운동과 관리를 제안할 수 있는 토대가 된다.

이제 피트니스는 단순히 열심히 운동하는 것이 아니라, 스스로를 돌보는 모든 시간과 경험을 포함한 '회복 중심의 웰니스 활동'으로 확장되고 있다. 그리고 이 과정에서 AI는 단순한 도구를 넘어, 몸과 마음의 상태를 함께 챙겨 주는 조용한 코치이자 동반자로 자리 잡아 가고 있다.

참고문헌

김민정 외(2021). "멘탈헬스 측정 및 멘탈웰빙 관리시스템 기술개발 동향". 《전자통신동향분석》, 36(5), 32~41쪽.

김승환(2022). "정신건강 ICT 융합 기술 동향". 《한국통신학회지》, 39(4), 25~32쪽.

박종현 외(2018). "웨어러블 디바이스 사용자의 생체 데이터를 이용한 활동 패턴 인식 시스템". 《한국통신학회 학술대회논문집》, 878~879쪽.

손예림(2025.2.11). "감정노동자 스트레스 'AI'로 실시간 감지한다". 세이프타임즈. https://www.safetimes.co.kr/news/articleView.html?idxno=225437

시아리쿠이 외(2025). "멀티모달 AI 시대, ASMR 콘텐츠 유형별 시청 동기와 매력 효과 분석". 《한국콘텐츠학회논문지》, 25(2), 47~62쪽.

허재상 외(2015). "웨어러블 스마트 디바이스의 기술 동향, 발전 및 국제 표준화 전망". 《전자공학회지》, 42(6), 23~29쪽.

08
AI와 피트니스 비즈니스의 자동화

AI 기반의 예약, 회원, 결제, 출결 관리 자동화는 피트니스 센터의 운영을 '사람 의존'에서 '시스템 기반'으로 전환하는 핵심 인프라가 되고 있다. 예약 추천부터 결제 유도, 출입 인증, 리워드 제공까지 이어지는 자동화 흐름은 고객 경험의 정밀화를 가능하게 하며, 동시에 운영 효율성과 수익 안정성을 확보하는 구조를 완성한다. 앞으로 피트니스 산업의 경쟁력은 '얼마나 잘 운동하는가'가 아니라, '얼마나 스마트하게 연결하고 관리하는가'에 의해 결정될 것이다.

AI와 인재 채용?

AI 기반 예약 및 회원 관리 자동화

현대 피트니스 센터가 경쟁력을 유지하고 성장하기 위해서는 단지 최신 운동기구나 트렌디한 프로그램을 갖추는 것만으로는 충분하지 않다. 이제는 얼마나 효율적으로 운영되고, 얼마나 체계적으로 고객과 연결되어 있는지가 핵심 경쟁력이다. 이 가운데 AI 기반의 예약 및 회원 관리 자동화 시스템은 더 이상 선택이 아닌 필수 요소로 자리 잡고 있다. 특히 예약 프로세스의 간소화, 회원 데이터 기반 세분화 전략, 온·오프라인 통합 관리, 자동 리워드 제공까지 아우르는 AI 자동화 시스템은 피트니스 산업의 운영 구조 자체를 정교하게 재설계한다.

무엇보다 예약 관리의 자동화는 가장 직관적이면서도 센터 운영에서 즉각적인 성과를 가져오는 분야다. 과거에는 프론트 데스크 직원이 매뉴얼로 수업 예약을 받고, 대기표를 관리하며, 키오스크를 통한 수동 예약 방식이 일반적이었다. 하지만 AI 예약 시스템이 도입되면 이러한 모든 작업은 단 몇 초 만에 완결된다. 회원은 모바일 앱이나 챗봇을 통해 수업을 요청하고, AI는 실시간 자리 현황을 조회해 즉시 예약을 확정해 준다. 대기자 리스트 관리 또한 AI가 자동으로 수행한다. 수업에 취소가 발생하면 대기 순번 회원에게 즉시 알림을 보내고, 자동으로 예약을 전환해 주는 방식이다. 이 과정에서 사람의 개입은 거의 필요하지 않으며, 그 결과 예약 노쇼(No-show) 문제를 줄이고, 수업 참여율은 자연스럽게 높아진다.

더 나아가 AI는 단순히 예약을 관리하는 수준을 넘어서, 회원의 과거 예약 이력과 이용 패턴을 학습하여 미래 행동을 예측하고 추천까지 수행한다. 예를 들어 "수요일 저녁 필라테스를 자주 수강하셨습니다. 이번 주에도 같은 시간대에 신규 클래스가 개설되었는데, 예약해 드릴까요?"라는 메시지는, 고객에게 단순한 안내를 넘어 마치 개인 비서가 예약을 챙겨 주는 것 같은 경험을 제공한다. 이는 고객 만족도뿐만 아니라, 수업당 참여율을 높이는 운영 효과도 함께 거두는 대표적인 사례다.

이러한 전략적 자동화는 실제 현장에서도 강력한 사례로 입증되고 있다. 국내 피트니스 브랜드 '버핏그라운드'는 온 · 오프라인 통합 운영 시스템을 기반으로, AI 중심의 회원 관리 자동화 구조를 완성한 대표적 모델이다. 회원은 단 하나의 앱으로 회원 가입, 결제, 수업 예약, 운동 기록 확인, 리워드 적립 및 사용까지 모든 과정을 비대면으로 진행할 수 있다. 특히 예를 들어 회원이 러닝머신에서 설정된 거리 목표를 달성하면 마일리지가 자동으로 적립되고, 이 포인트는 앱 내에서 음료 쿠폰으로 전환되어 센터 카페에서 사용할 수 있다. 즉시 보상이 주어지는 이 구조는 심리적 동기부여를 자극하여, 운동 지속률과 센터 방문 빈도를 자연스럽게 끌어올리는 효과를 창출한다.

여기에 더해 '버핏그라운드'는 온라인 PT 플랫폼인 '팀버핏(Team Bufit)'과 오프라인 센터를 연결하여 데이터 기반의 순환형 코칭 체계를 구축했다. 회원이 온라인으로 수행한 운동 데이터는 오프라인 트레이너에게 실시간 공유되며, 반대로 오프라인 PT 후 기록된 내용은 앱을 통해 회원에게 전달된다. 이처럼 온·오프라인의 경계를 허문 360도 헬스케어 운영 시스템은, 물리적 공간 제약 없이 지속 가능한 피트니스 파트너십을 가능하게 한다.

무엇보다 주목할 점은, 이러한 시스템이 단순히 편의성을 높이는 수준에 머무르지 않는다는 것이다. 적은 인력으로도 더 많은 회원을 체계적으로 관리할 수 있게 된다는 점에서, 이는 운영비 절감과 고품질 서비스 제공이라는 두 마리 토끼를 동시에 잡는 구조다. 이는 특히 중소형 피트니스 센터나 인력 구조가 제한된 시설에서 더욱 강력한 도입 당위성을 갖게 한다.

또한 AI는 회원 행동 데이터와 매출 데이터를 연계 분석하여 전략적 인사이트를 도출하는 기능도 수행한다. 예컨대 '요가 클래스 회원은 요가 매트, 스트레칭 밴드 등의 부가 상품 구매율이 높음 → 리테일 상품 추천 및 크로스세일 전략 적용 가능', 'PT 집중 회원의 재등록률이 높음 → 전담 트레이너 확충 필요' 등의 데이터 기반 제언은 센터 운영의 방향성과 상품 구성 전략에 실질적인 도움이 된다.

결론적으로 AI 기반 예약 및 회원 관리 자동화 시스템은 단지 효율화를 위한 기술이 아니라, 피트니스 센터의 본질적 가치와 경쟁력을 끌어올리는 핵심 인프라다. 자동화된 예약 경험, 맞춤형 추천 시스템, 비대면 리워드 운영, 온오프라인 통합 관리 등은 모두 고객 경험을 정교하게 하며, 결과적으로 높은 재등록률과 충성도를 이끌어 낸다. 앞으로 이러한 시스템은 더 많은 센터에서 표준처럼 자리 잡게 될 것이며, 기술과 인간의 협업 속에서 피트니스 산업은 더욱 정교하고 지속 가능한 방향으로 진화할 것이다.

AI 기반 결제 및 출결 관리 자동화

현대 피트니스 산업에서 AI는 단순한 '보조 기술'이 아닌, 서비스 품질과 운영 효율성을 동시에 끌어올리는 핵심 인프라로 자리 잡고 있다. 특히 결제 및 출결 관리의 자동화는 고객 경험을 혁신하고, 운영 인력 부담을 획기적으로 줄이며, 센터의 수익 구조를 안정화하는 데 중추적인 역할을 수행한다.

먼저 결제 자동화 측면에서의 변화는 단순한 온라인 카드 결제 시스템을 넘어 AI 기반의 '선제적 결제 안내 및 추천' 기능으로 진화하고 있다. 대부분의 피트니스 센터는 이제 앱이나 홈페이지를 통해 온라인 결제를 지원하고 있지만, 여기에 AI가 결합되면 상황이 달라진다. 예컨대 AI는 회원의 이용 이력, 결제 주기, 운동 빈도, 남은 수강 횟수 등을 종합 분석하여 갱신 시점이 가까운 회원에게 미리 리마인드 메시지를 보내고, 원클릭으로 재결제를 완료할 수 있는 링크를 자동 발송한다. 이러한 자동화 메시지는 "회원님, 수강권이 3일 뒤 만료됩니다. 지금 갱신하시면 10% 할인 혜택이 적용됩니다"와 같이 맞춤형 프로모션과 연결되어 전환율을 높이기도 한다.

또한 수강권 횟수가 소진되어 가는 회원에게는 AI가 자동으로 추가 패키지를 추천하거나, PT 연장 상품을 제안함으로써 '타이밍을 놓치지 않는 세일즈'를 가능하게 만든다. 이 모든 결제 데이터는 실시간으로 센터 시스템에 반영되어, 수동 등록이나 별도 입력 없이 자동으로 회원권이 갱신되고, 이용 내역과 유효 기간이 업데이트된다. 이는 센터 관리자 입장에서 반복 업무를 줄이고, 회원 입장에서는 편리함과 연속성을 보장받는 효과적인 구조다.

한편 출결 관리의 자동화 역시 AI 기술의 도입으로 새로운 단계에 도달하고 있다. 특히 무인 운영 피트니스 센터의 경우, 안면 인식 AI 기술이 탑재된 출입 시스템이 보편화되면서 '자동 출석 체크 + 회원 인증 + 권한 확인'이 동시에 이루어지고 있다. 예를 들어 24시간 무인 운영 센터에서는 회원이 입구에 설치된 안면 인식 카메라에 얼굴을 비추는 순간, AI가 등록된 데이터베이스를 기반으로 회원의 신원을 확인하고 문을 자동으로 열어 준다. 이와 동시에 시스템은 입장 시간을 기록하고, 해당 회원의 남은 수강권 횟수나 유효 기간에서 1회를 차감한다. 이는 출입-인증-기록-차감까지 모든 절차가 단 몇 초 안에, 그리고 직원 개입 없이 완전히 자동으로 진행되는 구조다.

여기에 더해 최근 피트니스 산업에서 주목받는 또 하나의 흐름은 바로 '구독형 결제 시스템'의 확산이다. 이 모델은 단순한 결제 방식의 변화가 아니라, 회원과 센터 간의 관계를 장기적이고 유연하게 재설계하는 구조적 전환을 의미한다. 구독형 모델은 일반적으로 정해진 금액이 매월 자동으로 결제되며, 사용자가 수강 여부와 관계없이 정기 결제를 통해 서비스 이용 권한을 갖는다.

이 구독형 시스템은 크게 두 가지 방식으로 나뉜다. 첫째는 결제 수단적 구독형(Subscription as a Billing Model)으로, 기존의 수강권/횟수권 판매를 대신해 '월정액' 형식으로 자동 결제가 이루어진다. 이 모델은 회원 입장에서는 매번 결제하는 번거로움이 사라지고, 센터 입장에서는 안정적인 수익 예측이 가능하다는 장점이 있다.

둘째는 '게임체인저로서의 구독형(Subscription as a Retention Model)'으로, 이는 단순히 매달 결제되는 월정액 모델이 아니라, 구독형 가격 전략과 장기권 결제 유도를 결합한 하이브리드 형태의 시스템으로, 피트니스 센터의 안정적 수익 기반을 마련하고 회원 충성도를 극대화하는 데 강력한 도구로 작용한다.

이 전략의 핵심은 정기 구독 시스템과 장기 이용권 할인 폭을 전략적으로 설계하여, 회원이 단기 수강보다 장기 등록을 선택하도록 유도하는 데 있다. 예를 들어 구독형 결제 상품을 통한 매월 결제되는 시스템과 12개월의 장기권의 할인 폭을 높여서 구독형과 장기권을 모두 유도할 수 있는 시스템이다.

최근 '짐박스' 피트니스 센터가 이 시스템을 매우 효과적으로 운영하고 있는 대표적인 사례다. '짐박스'는 기존의 단일 결제 시스템에서 탈피해, 다음과 같은 정기 결제 + 장기 등록 통합 패키지 전략을 도입했다.

AI는 이 구독형 모델의 운영에도 필수로 작용한다. 구독 유지 여부를 실시간 모니터링하며, 이탈 조짐이 보이는 회원에게 자동으로 리텐션 메시지를 보내거나, 구독 혜택의 사용 빈도에 따라 추가 추천 서비스를 제안하는 등 정교한 관리를 수행할 수 있기 때문이다.

결론적으로 AI 기반 결제 및 출결 관리 자동화는 센터 운영의 기반을 효율적으로 혁신하는 동시에, 회원과의 관계를 더욱 긴밀하고 정교하게 설계할 수 있는 시스템이다. 결제는 더 빠르고 간편해지며, 출결은 더 정확하고 안전하게 관리된다. 나아가 구독형 모델과의 결합을 통해 반복적인 구매를 유도하고, 충성도 높은 고객 기반을 형성할 수 있는 비즈니스 전략이 구현된다.

앞으로 피트니스 산업에서 살아남는 센터는 단순히 기구가 좋은 곳이 아니라, 회원 한 사람 한 사람과의 연결을 데이터 기반으로 관리하고, 그 관계를 장기적으로 이어 가는 시스템을 갖춘 곳이 될 것이다. 그리고 그 핵심에는 AI가 존재할 것이다.

참고문헌

강동구 외(2019). “셀프 피트니스를 위한 IoT&AI 기반의 운동관리 시스템 구현”. 《정보 및 제어 논문집》, 282~284쪽.

브로제이. https://company.broj.co.kr/index.html

이승희 · 박수진(2025). “시니어를 위한 U-헬스케어 혈당관리 애플리케이션 UX 개선방안 연구: AI 기반 자동화와 수동 입력 방식 비교를 중심으로”. 《디지털콘텐츠학회논문지》, 26(4), 1015~1029쪽.

최순식(2021). “인공지능을 활용한 플랫폼 비즈니스 활성화 방안에 관한 연구”. 《e-비즈니스연구》, 22(5), 133~150쪽.

09
AI 피트니스의 미래

AI 피트니스는 단순한 운동 코칭을 넘어, 사용자 삶 전반을 설계하고 동행하는 라이프케어 파트너로 진화한다. 초개인화, 실시간 피드백, 정서적 공감, 온오프라인 통합 플랫폼이라는 네 가지 요소를 중심으로, 피트니스 산업의 본질은 '운동 중심'에서 '삶 중심'으로 재정의되고 있다. 앞으로는 기술이 인간의 건강을 섬세하게 이해하고 설계하는 시대이며, AI는 그 혁신의 중심에서 조용하지만 가장 강력한 동반자로 자리 잡게 될 것이다.

AI와 기자?

라이프케어 파트너로의 진화

AI 피트니스의 미래는 지금 우리가 경험하는 디지털 트레이닝의 한계를 넘어서는 완전한 개인 중심의 건강 코칭 시스템으로의 진화로 요약할 수 있다. 기존에는 트레이너의 직관과 경험, 센터가 제공하는 정해진 커리큘럼을 기반으로 한 '표준화된' 운동 프로그램이 대부분이었다면, 앞으로는 AI가 사용자 한 사람 한 사람의 신체 특성과 생활 습관, 정서 상태까지 실시간으로 분석하고 반영하는 지능적 피트니스 환경이 주류가 될 것이다. 이러한 패러다임의 전환은 단지 기술적인 변화가 아닌, 피트니스 산업의 본질을 재정의하는 과정이다.

우선 가장 핵심적인 변화는 초개인화(Hyper-personalization)의 본격적인 실현이다. 지금도 AI는 회원의 키, 체중, 운동 목적, 기호 등을 바탕으로 맞춤 프로그램을 설계하고 있지만, 이는 어디까지나 표면적인 정보 수준에 머물러 있다. 미래의 AI는 훨씬 더 깊고 정밀한 데이터를 기반으로 '진짜 개인화'를 실현할 것이다. 예컨대 AI는 사용자의 유전자 분석 결과, 장내 마이크로바이옴 구성, 호르몬 분비 패턴, 의료 기록, 회복력 지표 등을 통합적으로 학습해, 근본적인 건강 상태와 생리적 특성을 기반으로 한 맞춤 운동 및 영양 플랜을 제공하게 된다.

예를 들어 사용자가 AI 피트니스 코칭 플랫폼에 "무릎 통증이 있어요"라는 단순한 입력을 하더라도, AI는 이를 무작정 무릎 운동 제한으로 받아들이지 않는다. 그간의 운동 영상 데이터, 관절 가동 범위 변화, 체중 증가율, 과거 부상 이력 등을 통합적으로 분석하여, "무릎 관절염 초기 징후가 의심됩니다. 점프 동작은 피하고, 풀 스쾃 대신 반 스쾃으로 대체하세요"라는 구체적이고 정밀한 대안을 제시할 수 있다. 여기에 그치지 않고, AI는 사용자의 영양 일지와 회복 지표를 참고하여 "항염 효과가 있는 오메가3 식품을 점심 식단에 포함하세요", "당분 섭취를 줄이고 야채를 늘려 염증 수치를 낮추는 방향으로 조정하세요"라는 식의 다차원적 조언까지 결합해 제시한다.

이처럼 AI는 단순히 운동 프로그램만을 설계하는 존재가 아니라, 하나의 '건강관리 라이프' 전체를 설계하는 파트너로 진화한다. 운동, 영양, 회복, 수면, 스트레스 등 다양한 라이프스타일 요소를 통합 관리하며, 각 요소의 상호작용까지 학습하여 매일매일 최적의 조합을 제안해 주는 것이다.

AI의 진화는 트레이너의 역할 변화도 불러온다. 지금까지는 트레이너가 회원의 모든 기록을 일일이 정리하고, 운동 계획을 수정하고, 상담하고, 응대하고, 피드백하는 일을 혼자 수행해야 했다. 그러나 AI는 반복적이고 데이터 기반의 작업, 즉 기록 · 분석 · 추천 · 피드백 자동화를 도맡고, 인간 트레이너는 그 결과를 바탕으로 정서적 지지, 관계 구축, 미묘한 자세 교정, 공감형 코칭 등 인간만이 할 수 있는 고차원 업무에 집중할 수 있다. 이는 피트니스 현장에서 사람과 기술이 공존하는 하이브리드 코칭 체계의 출발점이 된다.

사용자 측면에서도 AI의 초개인화 능력은 운동 습관의 장기 지속성을 강화하는 데 큰 역할을 한다. 실제로 많은 사람들이 운동을 시작하고도 중도에 포기하는 이유 중 하나는, 프로그램이 자신의 컨디션이나 성향에 맞지 않기 때문이다. 또 한 가지는 운동 진행에 대한 정기적인 피드백이 부족해 동기 유발이 되지 않기 때문이다. AI는 실시간으로 사용자의 상태(심박수, 수면, 컨디션, 영양 섭취 등)를 체크하고, 이에 맞는 운동 강도 조절, 칼로리 피드백, 정서적 격려 메시지까지 자동으로 보낸다.

예컨대 "어제보다 수면의 질이 떨어졌습니다. 오늘은 스트레칭 중심의 저강도 루틴으로 진행해 보세요" 또는 "지난 4주간 러닝 루틴을 꾸준히 지켰습니다. 대단해요! 이제는 속도 증가 루틴을 시도해 볼 차례입니다" 같은 메시지는 단순한 운동 지시가 아닌 동반자적 격려와 안내로 작용하며, 사용자가 '운동하는 나'를 끊임없이 확인하고 동기화하는 데 큰 도움이 된다.

또한 AI는 수많은 사용자 데이터를 분석하여, 운동이 어려운 상황에 맞는 대체 루틴을 제시하거나, 정서적으로 불안정할 때는 동기부여 콘텐츠를 제공하는 감성 기반 코칭도 가능하게 한다. 특히 챗봇 기반 AI 트레이너는 사용자가 "요즘 운동 의욕이 없어요"라고 입력하면, 단순 위로가 아니라 "오늘은 10분 걷기부터 시작해 볼까요? 함께 걸어요"라는 식의 행동 기반 제안을 하며, 운동 습관의 끈을 놓지 않게 해 준다.

이와 함께 AI의 미래 발전 방향 중 또 하나는 온·오프라인 플랫폼 통합화다. 가까운 미래에는 사용자가 어떤 피트니스 센터에 가든, 자신의 AI 코칭 시스템이 센터 기기와 연동되어 자동으로 맞춤 운동 환경을 제공하는 개인화 클라우드 플랫폼이 일반화될 것으로 보인다. 예를 들어 나의 AI 트레이너가 내가 가진 체형 정보와 건강 데이터를 자동으로 연동하여, 센터에 설치된 스마트 웨이트 머신이 나에게 딱 맞는 저항과 세트 수를 설정하고, AI 스피커가 그날 컨디션에 따른 루틴을 안내해 주는 시스템이다. 이는 결국 AI가 피트니스 센터라는 물리적 공간의 한계를 뛰어넘어, 언제 어디서나 일관된 건강관리 경험을 제공하는 디지털 헬스 트윈으로 기능하게 만든다.

이러한 진화는 단지 기능 향상의 문제가 아니라, 사용자 정체성의 변화를 뜻하기도 한다. 기존에는 사용자가 센터에서 제공하는 서비스를 수동적으로 받는 소비자였다면, 앞으로는 사용자 스스로 자신의 운동 계획을 주도적으로 설계하고 협업하는 건강 디자이너로 변화하게 된다. AI는 이 과정에서 가장 조용하지만 똑똑한 파트너가 되어, 건강을 지속적으로 설계하고 실행할 수 있는 환경을 만든다.

결론적으로 AI 피트니스의 미래는 지능적인 맞춤화 + 실시간 피드백 + 정서적 유대 + 플랫폼 통합이라는 4대 요소를 중심으로 전개될 것이다. 이 네 가지는 단순한 기술 트렌드를 넘어, 피트니스의 본질을 바꾸는 '새로운 철학'이자 '새로운 표준'이 될 것이다.

이러한 미래를 현실로 만들기 위해서는, 지금부터 AI의 역량을 현장에 세심하게 녹여 내는 준비가 필요하다. 기술을 인간 중심으로 설계하고, 코칭의 본질을 놓치지 않으며, 데이터 윤리와 프라이버시까지 고려한 지속 가능하고 신뢰 기반의 AI 피트니스 생태계 구축이 핵심이 된다. 그리고 그 생태계 안에서 우리는 단순히 '운동하는 사람'이 아니라, 건강한 삶을 설계하고 지속하는 사용자로 거듭나게 될 것이다. AI는 이제 도구가 아닌, 우리가 더 나은 삶을 영위할 수 있도록 돕는 동반자로 진화하고 있으며, 이 흐름 속에서 피트니스는 기술과 인간이 공존하는 새로운 웰빙 산업으로 재편될 것이다.

AI · VR · 웨어러블의 융합

현대 피트니스의 미래는 기존 헬스클럽이라는 물리적 공간의 제약을 넘어, 사용자 중심의 몰입형 디지털 환경으로 이동하고 있다. 그 중심에는 AI와 확장 현실 기술(VR · AR), 그리고 웨어러블 디바이스와 스마트 홈트레이닝 시스템이 결합된 형태의 진화가 존재한다. 이러한 기술들은 운동이라는 활동을 단순한 반복이 아닌, 몰입과 참여, 그리고 지속 가능성의 관점에서 새롭게 정의한다.

우선 VR과 AR 기술은 AI와 결합하여 완전히 새로운 형태의 운동 경험을 가능하게 만든다. 전통적인 운동 방식이 물리적 공간, 도구, 트레이너의 지시에 의존했다면, 몰입형 피트니스 환경은 디지털 공간 안에서 사용자 맞춤형 트레이닝을 실현한다. VR을 활용한 운동 환경에서는 AI가 사용자의 움직임을 실시간으로 추적하고 평가하며, 이를 바탕으로 운동 자세, 강도, 빈도 등에 대한 피드백을 제공한다. AR은 현실 공간에 AI 기반 코칭 인터페이스를 덧입히는 방식으로, 실제로는 혼자 운동하더라도 마치 트레이너와 함께 운동하는 것 같은 경험을 선사한다. 이와 같은 몰입형 환경은 단순한 보조 수단을 넘어 운동 수행의 집중도를 극대화하고, 사용자의 참여 동기를 장기적으로 유지하게 하는 데 결정적인 기여를 한다.

다음으로 AI 기반의 홈트레이닝 환경 구축은 향후 피트니스의 새로운 표준으로 자리매김할 것으로 보인다. 점점 더 많은 사람들이 헬스장을 찾기보다는 집에서 운동을 선택하고 있으며, 이에 따라 가정 내에서 AI와 연동된 운동 기기 및 홈짐 설루션이 빠르게 진화하고 있다. 스마트 사이클, 러닝머신, 웨이트 머신 등 각각의 장비들은 단일 기능을 넘어 AI 플랫폼과 연결되어 서로 데이터를 주고받으며 작동한다. 사용자가 특정 운동을 수행하면, AI는 피로도, 수행 결과, 회복 속도 등을 자동 분석하여 다음 운동 루틴을 조정하고, 필요한 경우 강도를 완화하거나 특정 근육군을 회피하는 대체 루틴을 제안한다. 이러한 환경으로, 홈짐은 단순한 운동 공간이 아닌, 운동 계획 수립, 수행, 회복, 피드백이 통합된 하나의 헬스케어 플랫폼으로 발전하고 있다.

마지막으로 웨어러블 디바이스의 고도화는 피트니스 데이터 수집과 해석의 정밀도를 한층 끌어올린다. 기존의 걸음 수나 심박수 측정을 넘어, 앞으로의 웨어러블 기기는 근전도(EMG), 혈당, 산소 포화도, 체온, 심박 변이도 등 보다 다양한 생체 신호를 실시간으로 수집하게 된다. AI는 이 복합 데이터를 통합 분석하여 사용자의 신체 상태, 회복도, 스트레스 수준 등을 종합적으로 진단하고, 그에 맞는 운동 권장안, 휴식 전략, 식이 조절 방안을 제시할 수 있다. 이는 단순한 트래킹을 넘어, 개인의 건강을 실시간으로 조율하는 지능형 피트니스 코치의 역할을 수행하게 된다는 의미다.

결국 이러한 흐름은 운동을 '단위 활동'으로서가 아니라, 하루의 생활 전반에 걸쳐 이루어지는 건강관리 프로세스로 확장하는 데 기여한다. VR · AR은 사용자의 몰입과 감각을 자극하여 운동을 지속하게 만들고, AI 홈트레이닝은 환경 제약 없이 맞춤 운동을 가능케 하며, 웨어러블 디바이스는 데이터 기반으로 코칭의 정밀도를 향상한다. 이 세 가지 기술이 융합될 때, 우리는 운동을 단순한 목표 달성의 수단이 아닌, 일상의 자연스러운 일부로 받아들이게 될 것이다.

이러한 미래는 단지 기술의 발전을 넘어, 인간 중심의 건강 습관 정착이라는 궁극적 목적을 향해 나아간다. AI는 점점 더 사용자 친화적인 형태로 설계되며, 기술 자체가 목적이 아닌 수단으로 작용하게 될 것이다. 그리고 피트니스는 마침내, 운동을 위한 공간이 아니라 건강한 삶을 지속적으로 설계하는 몰입형 라이프 플랫폼으로 거듭나게 될 것이다.

모두를 위한 피트니스

피트니스 산업의 진화는 기술의 발전과 함께 새로운 국면을 맞이하고 있으며, 그 중심에는 방대한 데이터의 집대성과 AI의 통합이 자리한다. 이 장에서는 피트니스 데이터가 어떻게 새로운 과학적 통찰과 코칭 혁신으로 이어지며, 동시에 AI가 피트니스의 보편적 접근성과 공공성을 어떻게 확장해 나가는지를 다룬다.

우선 전 세계 피트니스 사용자들의 운동 데이터가 집약되면서 생겨나는 학문적, 실천적 가치는 그 무엇보다 크다. 기존의 운동생리학과 트레이닝 이론은 제한된 실험군과 기간을 바탕으로 정립되어 왔으며, 그만큼 일반화의 한계를 지녔다. 그러나 AI는 수억 명의 사용자 데이터(운동 종목, 강도, 빈도, 회복 시간, 생체 반응, 만족도, 부상 발생 등)를 실시간으로 수집·학습함으로써 그 한계를 뛰어넘는다. 이를 통해 인간이 직관적으로 파악하지 못했던 수많은 통계적 상관관계와 인과 구조를 밝혀낼 수 있다.

예컨대 '20대 여성 중 하지 근육량이 평균 이하인 그룹은 주 2회 이하의 중간 강도 레지스턴스 트레이닝을 지속했을 때 부상률이 가장 낮고, 3개월 뒤 체성분 개선율이 가장 높았다'는 식의 실증적 지표는 기존의 정성적 코칭 방식보다 훨씬 정밀하고 과학적이다. 이러한 '가장 효과적인 운동 지침'은 AI에 의해 자동 추출되어 각 사용자에게 맞춤화된 운동 전략으로 제공될 수 있으며, 동시에 전 세계 트레이너들이 활용 가능한 최신 운동 지침서의 근거 데이터로도 활용된다. 이는 단지 기술의 진보가 아니라, 피트니스 트레이닝 이론 자체가 AI 기반으로 새롭게 쓰이고 있다는 것을 의미한다.

또한 AI는 수많은 사용자 피드백과 행동 패턴을 학습함으로써 운동 동기부여 전략의 과학화에도 기여한다. 지금까지는 '격려가 좋다'는 막연한 정서적 접근이 주를 이루었다면, 이제는 'A유형 사용자에게는 칭찬 피드백이, B유형에게는 통계 기반 진척 보고가, C유형에게는 사회적 비교 자극이 효과적이다'는 식의 성격별 · 습관별 맞춤 동기 전략이 데이터에 근거하여 설계된다. 이는 퍼스널 트레이닝 현장에서 코칭의 질을 획기적으로 높여 줄 뿐 아니라, 대규모 온라인 프로그램에서도 동기 지속률을 크게 끌어올릴 수 있는 핵심 기술이다.

무엇보다 중요한 변화는, 이러한 AI 기반 피트니스 기술들이 대중화와 보편적 접근성 향상에 기여하고 있다는 점이다. 과거에는 퍼스널 트레이닝이 경제적 여유가 있거나 도심 접근성이 뛰어난 사람들에게만 제공되는 서비스였다. 그러나 AI 트레이너, 스마트폰 기반 피트니스 앱, 자동화된 운동 분석 시스템 등이 등장하면서 이제는 누구나 손쉽게 퍼스널 피트니스 케어를 받을 수 있는 환경이 조성되고 있다.

지리적 장벽을 허무는 기술은 농촌, 산간, 낙도, 해외 오지에서도 동일한 질의 피트니스 교육과 지도를 제공할 수 있게 만들었다. 예컨대 인터넷이 연결된 스마트폰 하나만 있으면, 아프리카의 청년이 AI 트레이너의 지도 아래 웨이트 트레이닝을 배우고, 남미의 농촌 노인이 스마트홈 플랫폼을 통해 재활 운동을 수행할 수 있다. 한국의 지방 소도시 고령자도 AI가 제안하는 관절 운동을 따라 하며 건강을 유지할 수 있다. 이는 단지 피트니스 시장의 확장을 의미하는 것이 아니라, 건강권의 평등한 분배라는 사회적 가치를 실현하는 기술 진보로 평가될 수 있다.

그뿐만 아니라 경제적 진입 장벽의 해소도 중요한 의의를 가진다. 전통적인 트레이닝은 고비용 구조로 인해 많은 이들이 접근하지 못했지만, AI 트레이너와 자동화된 콘텐츠는 반복 비용이 거의 없기 때문에 저렴한 구독형 서비스로 제공될 수 있다. 특히 AI의 확장성과 반복 가능성은 트레이너 한 명이 수백 명의 회원을 개별 맞춤으로 관리할 수 있도록 해 주며, 이는 피트니스 산업의 구조적 비용 효율성을 극대화하는 길이기도 하다.

요컨대 AI는 피트니스 산업의 학문적 이론, 코칭 실천, 비즈니스 모델, 공공 건강의 장벽을 동시에 재편하고 있는 거대한 축이다. 수억 명의 데이터를 분석해 이끌어 낸 운동의 과학은 기존의 경험적 지식에 신뢰성과 객관성을 더해 주고, 데이터 기반 피드백은 코칭의 질을 정량적으로 향상한다. 나아가 기술의 민주화는 지역과 소득의 경계를 넘어서 건강한 삶을 누릴 수 있는 기회를 보편화하고 있다.

결론적으로 피트니스의 미래는 더 이상 특정 집단만의 특권이 아니다. AI는 모두를 위한 피트니스, 모두를 위한 건강관리라는 이상을 실현해 줄 수 있는 현실적 수단이다. 이제 우리는 운동을 잘하는 방법뿐 아니라, 모두가 운동할 수 있도록 만드는 방법에도 관심을 가져야 할 시점이다. 그리고 그 중심에는 방대한 데이터를 통찰로 바꾸는 AI, 그리고 그 AI를 제대로 활용할 수 있는 인프라와 운영 전략이 존재해야 한다. 이것이 바로 AI 피트니스의 궁극적 진화 방향이자, 우리가 준비해야 할 미래의 방향성이다.

참고문헌

이희주(2017). "4차 산업 혁명시대의 의료 환경 변화와 웰니스의 전망". 《한국웰니스학회지》, 12(4), 215~223쪽.

조경환(2020). "4차 산업혁명시대에 운동재활분야의 융·복합적 활성화 방안". 《한국엔터테인먼트산업학회논문지》, 14(8), 407~426쪽.

홍상민(2019). "제4차 산업혁명으로 인한 스포츠 과학의 미래". 《한국체육과학회지》, 28(3), 775~784쪽.

Fullagar, H. H. et al.(2019). The translation of sport science research to the field: a current opinion and overview on the perceptions of practitioners, researchers and coaches. *Sports Medicine, 49*(12), pp.1817~1824.

Wackerhage, H. & Schoenfeld, B. J.(2021). Personalized, evidence-informed training plans and exercise prescriptions for performance, fitness and health. *Sports Medicine, 51*(9), pp.1805~1813.

10
AI 피트니스 실천하기

AI 피트니스는 이제 전문가만의 전유물이 아닌, 누구나 실천 가능한 일상의 도구로 자리 잡고 있다. 올바른 도구 선택, 정확한 데이터 파악, 유연한 실천 전략만 갖춘다면 초보자도 AI와 함께 건강한 변화를 만들어 낼 수 있다. 기술의 발전이 인간을 대신하는 것이 아니라, 우리 각자의 삶을 더 똑똑하고 지속 가능하게 만드는 파트너가 되어 가는 여정이 지금 이 순간부터 시작된다.

AI와 미래 의사?

AI 피트니스 첫걸음

AI 피트니스는 이제 일상에서 누구나 실천할 수 있는 실용적인 도구로 자리 잡고 있다. 과거에는 전문가의 도움이 없이는 시작하기 어려웠던 운동과 건강관리가, 이제는 AI의 도움으로 훨씬 더 간편하고 효과적으로 가능해진 것이다. 이 장에서는 일반인들이 실생활 속에서 AI 피트니스를 활용하는 구체적인 방법을 세 가지 단계로 제시하고자 한다. 각각은 특별한 기술 지식 없이도 실천할 수 있는 방식으로 구성되며, 초보자부터 중급자까지 누구나 활용할 수 있다.

첫째는 나에게 적합한 AI 기반 피트니스 도구를 선택하는 것이다. 최근 시장에는 다양한 유형의 AI 피트니스 플랫폼이 존재하며, 그 기능은 홈트레이닝, 유산소 지도, 요가 코칭, 웨이트 트레이닝 보조 등 매우 다양하다. 따라서 먼저 자신의 운동 목적과 환경을 고려하여, 가장 적합한 앱이나 프로그램을 선택하는 것이 중요하다. 이를 위해 몇 가지 앱을 직접 체험해 보고, 사용자 인터페이스의 편의성, 운동 콘텐츠 구성, AI 피드백 방식 등을 비교해 보는 것이 좋다. 특히 앱이 제공하는 언어, 코칭 방식, 목표 설정 기능의 유무 등을 확인해야 하며, 대부분 제공되는 무료 체험 기간을 활용하여 실사용 경험을 통해 결정하는 것을 권장한다. 앱을 선택했다면 자신의 신체 정보와 운동 목표를 성실하게 입력하고, 체력 진단이나 설문 테스트를 충실히 진행해야 한다. 이는 AI가 맞춤형 루틴을 설계하는 기초 데이터가 되기 때문이다. 이후 제안된 프로그램을 일정 기간 꾸준히 실천하며, 자신의 반응을 체크하는 것이 AI 코칭을 제대로 경험하는 시작점이 된다.

둘째는 자신의 신체 데이터를 파악하고 활용하는 것이다. 오늘날 대부분의 사람들은 스마트워치나 피트니스 밴드 등 웨어러블 기기를 통해 활동 데이터를 수집하고 있다. 이 기기들이 제공하는 걸음 수, 심박수, 수면 패턴, 칼로리 소모량 등은 AI 피트니스 코칭의 중요한 기반 정보가 된다. 사용자는 단순히 측정된 수치를 확인하는 데 그치지 않고, 이를 바탕으로 자신의 생활 습관을 점검하고 개선점을 발견해야 한다. 특히 AI가 제공하는 요약 리포트나 인사이트는 매우 유용하다. 활동량의 증가나 수면 리듬의 불균형 등에 대한 피드백을 주의 깊게 살펴보고, 자신의 라이프스타일에 맞는 실천 계획을 수립하는 것이 중요하다. 나아가 이러한 데이터를 건강 통합 플랫폼에 연동하면, 하나의 계정에서 전반적인 건강 상태를 종합적으로 관리할 수 있으며, 보다 정밀한 피드백을 제공받을 수 있다. 또 체성분 분석기나 체형 스캐닝 등 AI 기반의 신체 진단 도구를 활용하면, 체지방률, 근육량, 자세 불균형 등 일반적인 신체 정보보다 더 정교한 데이터 확보가 가능하다. 이 데이터를 AI 피트니스 앱에 연동하거나 수동으로 입력하면, 보다 과학적이고 구체적인 코칭이 제공된다. 요컨대 나를 수치화하고, 데이터를 기반으로 이해하려는 태도야말로 AI 피트니스 실천의 출발점이라 할 수 있다.

셋째는 AI에게 구체적인 목표와 실행 계획을 요청하는 것이다. 막연한 다이어트나 건강 증진 목표는 실천으로 이어지기 어렵다. AI는 이러한 막연함을 구체적인 실천 계획으로 바꾸어 주는 기능을 한다. 예를 들어 사용자가 자신의 운동 가능 시간과 주당 횟수, 목적을 입력하면 AI는 그에 맞는 일별 또는 주간 루틴을 자동으로 설계해 준다. 이 계획은 통상적으로 운동의 종류, 순서, 세트 수, 휴식 시간까지 포함하며, 사용자의 초기 설정값을 기반으로 점진적 향상이 가능한 구조로 설계된다. 또한 식단과 함께 통합된 프로그램을 제안하는 경우도 있어, 생활 전반을 체계적으로 관리할 수 있다. 중요한 점은 AI가 제안하는 계획을 그대로 따르기보다 나의 생활 조건에 맞게 수정하고 조정하는 것이다. 운동 장소의 제약, 기구의 유무, 현재 건강 상태 등을 고려하여 루틴을 변경하거나 대체할 수 있어야 하며, 그 과정에서 AI에게 지속적으로 피드백을 제공하는 것이 중요하다. 컨디션 저하, 스케줄 변화, 개인 사정 등은 누구에게나 발생할 수 있는 변수이며, 이를 AI에게 입력하면 새로운 계획을 제시받을 수 있다. 이처럼 AI는 고정된 계획표를 주는 것이 아니라, 실시간 피드백에 따라 유연하게 변화하는 코칭 도구로 활용해야 한다.

종합하자면 AI 피트니스는 단순히 기술을 이용하는 것이 아니라, 나 자신에 대해 더 많이 알고, 그 데이터를 기반으로 더 나은 삶을 설계하려는 노력의 일환이다. 올바른 앱 선택, 정확한 신체 데이터 파악, 유연한 목표 설정과 실행이 그 시작이다. 이 모든 과정을 통해, 사용자는 더 이상 피트니스의 수동적 수용자가 아닌, AI와 함께 능동적으로 건강을 설계하는 주체가 될 수 있다. 이는 단순히 운동을 위한 수단을 넘어서, 더 나은 삶을 위한 지속 가능한 전략이며, 누구나 지금 이 순간부터 실천할 수 있는 변화다.

AI 피트니스, 기술과 인간의 균형

AI 피트니스의 가능성은 눈부시게 확장되고 있지만, 그

혜택을 제대로 누리기 위해서는 몇 가지 주의할 점과 균형 있는 태도가 필요하다. 기술은 우리를 도울 수 있지만, 궁극적으로 우리의 건강은 여전히 우리 자신의 책임 안에 있기 때문이다.

첫째로 반드시 고려해야 할 것은 개인정보와 데이터 프라이버시 보호다. AI 기반 피트니스 시스템은 사용자로부터 체중, 체지방률, 운동 기록, 수면 패턴, 심박수, 심지어 유전 정보까지 다양한 생체 데이터를 수집한다. 이는 매우 민감한 정보이며, 만약 보안이 제대로 갖추어지지 않은 플랫폼에서 이 데이터가 유출된다면 사용자는 심각한 프라이버시 침해를 겪을 수 있다. 따라서 어떤 AI 피트니스 서비스를 사용할지 결정할 때는 해당 서비스가 어떻게 데이터를 저장하고, 어떤 보안 체계를 갖추고 있는지, 그리고 제3자 공유 여부에 대한 고지 의무를 성실히 수행하는지 반드시 확인해야 한다. 사용자는 언제든지 자신의 데이터 사용 범위를 스스로 설정하고 통제할 수 있어야 하며, 이를 통해 '기술의 도움'이 '위험의 노출'로 전환되지 않도록 예방해야 한다.

둘째, AI의 조언을 절대적인 기준으로 받아들이지 않는 자세도 중요하다. AI는 통계학적 일반론과 입력된 데이터를 기반으로 하여 알고리즘적으로 판단할 뿐이다.

인간의 몸은 기계가 아니며, 그날그날의 기분, 스트레스 수준, 수면 상태, 호르몬 변화 등에 따라 반응이 달라질 수 있다. 예컨대 AI가 "오늘은 고강도 인터벌 트레이닝을 추천합니다"라고 하더라도, 실제로 사용자 본인이 무기력하거나 무릎에 통증을 느낀다면 과감히 쉬는 결정을 내릴 줄 알아야 한다. AI는 코치일 뿐, 궁극적인 판단은 사용자의 자율성과 신체 감각을 기반으로 해야 하며, 이를 통해 기술 의존성과 자기 인식 능력 간의 균형을 이루어야 한다.

셋째는 인간적인 접점을 유지하는 노력이다. AI 피트니스 시스템이 점점 정교해질수록 개인화된 트레이닝 환경이 구현되는 것은 맞지만, 이로 인해 고립감을 느끼거나 사회적 연결이 단절되는 부작용이 나타날 수 있다. 운동은 단순한 신체 활동을 넘어, 정서적 소속감과 사회적 교류의 장이다. 사람이 함께 운동하고 응원해 주는 환경, 친구와 경쟁하며 도전하는 분위기, 트레이너와 나누는 격려의 한마디는 AI가 절대로 대체할 수 없는 운동의 중요한 부분이다. 따라서 AI 피트니스와 인간 커뮤니티는 서로를 보완하는 구조로 유지되어야 하며, 어느 하나에 과도하게 의존하지 않는 것이 바람직하다.

넷째로 기억해야 할 것은, AI 피트니스도 결국은 '지속성'이 핵심이라는 점이다. 아무리 정교한 AI 루틴이 제공되고, 맞춤형 피드백이 실시간으로 도달하더라도, 그것을 매일 실천하고 삶에 녹이는 것은 인간인 사용자 본인의 몫이다. 운동은 습관의 과학이며, 꾸준함은 AI가 대신해 줄 수 없는 영역이다. 다만 AI는 그 길이 혼자만의 고독한 싸움이 되지 않도록 도와준다. 매일 아침 상태를 확인해 주고, 컨디션에 따라 루틴을 조정하며, 운동 후에는 칭찬과 피드백을 주는 AI는 이제 단순한 기계가 아니라 사용자의 일상을 함께 살아가는 '디지털 헬스 파트너'로 자리 잡고 있다. 사용자는 더 이상 스스로의 의지만으로 매일을 버티지 않아도 되는 시대를 맞이하고 있으며, AI는 그 여정을 함께 걷는 조력자다.

그와 동시에 피트니스 산업 내에서 AI와 인간 전문가의 역할 재정의도 필요하다. AI가 제공하는 운동 가이드는 무한 반복이 가능하고, 수많은 데이터를 기반으로 한 일반적 조언에 강하다. 반면 인간 트레이너는 정서적 교감, 미세한 자세 교정, 심리적 동기부여 등 고차원적 코칭 능력을 보유하고 있다. AI가 대체할 수 없는 영역은 바로 이 인간미에서 나온다. 따라서 미래의 피트니스는 'AI 코칭'과 '인간 코칭'이 분업과 협업을 통해 하이브리드화되는 방향으로 발전할 것이다. 반복적이고 데이터 기반의 업무는 AI가 맡고, 창의성과 감정이 필요한 영역은 인간 전문가가 담당하는 식이다. 이는 AI가 트레이너의 경쟁자가 아니라 업무 효율성과 전문성을 높여 주는 조력자로 자리매김하는 긍정적 모델이다.

끝으로 AI 기술이 피트니스에서 활발히 사용되기 위해서는 기술 윤리와 사회적 합의가 병행되어야 한다. AI는 강력한 도구인 만큼, 잘못된 사용이나 상업적 왜곡이 이루어질 경우 사용자에게 해를 끼칠 수 있다. 따라서 산업 전반에서는 윤리적인 AI 개발, 투명한 알고리즘 공개, 비차별적 데이터 활용 원칙 등을 기반으로 사용자 권리를 보호해야 하며, 사용자 또한 기술의 작동 방식과 한계를 이해하고 사용할 수 있도록 지속적인 교육과 안내가 필요하다.

결론적으로 AI 피트니스는 단순한 유행이 아니라 건강한 삶을 설계하는 데 지속 가능한 도구가 되어 가고 있다. 그러나 그 도구를 어떻게 활용할지는 전적으로 사용자와 산업 종사자의 선택에 달려 있다. 기술과 인간, 자동화와 감성, 데이터와 직관의 균형이 유지될 때 비로소 AI 피트니스는 우리 삶에 의미 있는 가치를 제공할 수 있으며, 그것이 이 책이 제안하는 건강한 피트니스 생태계의 모습이다. 지금 이 순간, 작지만 지속 가능한 한 걸음을 AI와 함께 내디뎌 보자. 그 여정은 결코 혼자가 아니다. AI는 늘 곁에서 당신을 응원하고, 이끌고, 함께 걸어갈 것이다.

참고문헌

디지털투데이(2025.6.30). "피트니스 앱 속 AI, 정말 도움이 될까… 직접 체험해 보니". 네이트. https://news.nate.com/view/20250630n09676

박성진 · 박종혁(2024). "실제 피트니스 환경에서의 운동 동작 분석을 위한 AI 기반 합성 데이터 활용". 《지능정보연구》, 30(2), 107~120쪽.

유경태(2023). "물리치료 분야에서 인공지능 및 바이오센싱 기술의 현장적용 및 전망에 관한 연구: 맞춤형 재활치료를 중심으로". 《대한물리의학회지》, 18(3), 73~84쪽.

전기제

㈜같이의가치 CTO이자 국민대학교 학술연구교수를 맡고 있다. 국민대학교에서 스포츠경영학 체육학 박사 학위를 받았다. 공군사관학교 조교수, 세한대학교 초빙교수, 신안산대학교 겸임교수, 국민대학교 학술연구교수로 재직하며 텍스트마이닝과 머신러닝 등 AI 기반 스포츠마케팅 연구를 진행했으며, 생활스포츠지도사 1급, 2급 필기 교재 등의 저서를 펴냈고, 50편 이상의 논문을 KCI, SCI 등 등재 학술지에 게재했다.

신영규

㈜같이의가치 CEO를 맡고 있다. 국민대학교 스포츠경영학 체육학 박사과정에 재학 중이며, 체육지도자 연수원 시험위원 및 연수교수, FMP 최고경영자과정 총동문회장, 한국대학보디빌딩협회 심사위원으로 활동 중이다. 기능성 트레이닝 및 피트니스 경영 관련 연구를 진행했으며, 피트니스 창업 도서 《피트니스 에볼루션 1STEP》을 출간했다.